속회 세우기 종합설계 길라잡이

속회CM 내비게이션

박용호 지음

kmc

속회CM 내비게이션

초판 1쇄   2010년 10월 8일

박용호 지음

발 행 인 | 신경하
편 집 인 | 김광덕

펴 낸 곳 | 도서출판 kmc
등록번호 | 제2-1607호
등록일자 | 1993년 9월 4일

(100-101) 서울특별시 중구 태평로1가 64-8 감리회관 16층
(재)기독교대한감리회 출판국

대표전화 | 02-399-2008, 02-399-4365(팩스)
홈페이지 | http://www.kmcmall.co.kr
            http://www.kmc.or.kr

디자인·인쇄 | 리더스 커뮤니케이션 02)2123-9996/7

값 10,000원
ISBN 978-89-8430-494-9 03230

| 머리말 |

우리 모두에게는 목회의 이상향이 있습니다. 손에 잡힐 듯이 그려지는 우리 안에 있는 목회의 꿈은 행복한 목회, 능력 있는 목회, 성공적인 목회일 것입니다. 물론 이 말들이 의미하는 바에 대하여 사람마다 상상하는 것이 다르겠지만, 그것은 축복받은 목회에 대한 바람이 우리 안에 있는 메마른 소망의 샘에 언제나 가득 차고 흘러 넘쳐서 누구에게나 나누어 줄 수 있는 강물이 될 수 있을까를 그리는 것입니다. 그러나 우리는 그 샘이 다 채워지지도 못하거나 너무 초라한 샘물을 보면서 때로는 낙심하고 절망하는 가운데 어느덧 종점에 와 있는 자신을 바라보며 한숨 쉴 때가 많습니다. 무엇인가 이룬 사람처럼 보이는 분들도 정리할 때가 다가오면 아쉬운 마음을 감출 길 없는 욕심을 내보기도 합니다.

부족한 사람이 이러한 책을 쓴다고 해서 제 자신이 뛰어나거나 성공했다거나 모든 것을 다 알거나 해서 쓰는 것은 아닙니다. 처음 차량용 내비게이션이 나왔을 때 모두 신기하게 생각했지만, 그 목소리가 안내하는 대로 가다 보면 눈앞에 목표를 두고 빙빙 돌아가거나 더 헷갈리게 하는 일들이 많았을 것입니다. 제가 이 책을 쓰면서 염려되는 부분이 바로 그런 것이었습니다. 하지만 다른 한편 생각하면 그러한 과정을 통하여 지금은 내비게이션이 얼마나 발전했습니까? 이제는 말만 해도 척척 찾아주고 실시간 교통정보를 통하여 길을 찾아 주는 등 그 기능이 정확하고 신뢰할 만하게 된 것을 보며, 소망을 가지고 용감하게 이 책을 쓰게 되었습니다.

감리교에서 가장 소중한 유산 중 하나인 속회 제도는 어느 누구의 개인적인 전유물이 아닙니다. 우리 모두의 유산이기에 이를 발전시켜 나가야 할 사명 역시 우리 모두에게 있습니다. 그러기에 이 책에 부족한 부분이 있다 해도 그것은 또 다른 사람이 채워야 할 부분이라 생각하여 책을 쓸 용기를 낼 수 있었습니다. 혹 여러분이 부족한 부분을 발견하신다면 그것은 바로 여러분에게 채워야 할 사명이 있음을 의미하는 것입니다. 그때 주저하지 마시고 조금씩 보태나간다면 우리는 좀 더 완벽한 내비게이션을 만들어 가게 될 것입니다.

이 책을 쓰게 된 동기는 필요에 의한 것이었습니다. 속회연구원(CMI)이 만들어지고 그동안 나름대로 애쓰며 속회의 발전을 위해서 노력했지만 많은 분들이 요구하는 것은 바로 속회 내비게이션이었습니다. 어떤 이들은 속회에 대해 들어보지도 못했다는 말을 하는데 신학교에서 속회에 대한 공부를 충분히 할 수 있는 것도 아니고 교단 차원의 대책이 마련된 것도 아니어서 그동안 속회가 얼마나 멸시와 천대를 받았는지 모릅니다. 2011년 목회계획을 속회중심 목회세미나로 준비하는 가운데 어떻게 하면 속회를 시작해 보려는 목회자 여러분에게 도움을 드릴 수 있을까 고민하다가 속회 종합설계 내비게이션이라는 주제로 속회를 매뉴얼화 하고 그 매뉴얼에 대한 구체적인 설명과 자료들을 만들어 보았습니다. 부족한 점이 많지만 이 책이 도움이 되었으면 합니다. 혹 충분치 못한 부분은 속회연구원에서 지속적으로 도와드리는 방법을 연구하겠습니다. 시간이 갈수록 속회연구원(CMI)이 자리잡아가고 많은 분들이 뜨거운 사랑과 관심을 가져 주시기에 우리 감리교의 뿌리인 속회는 반드시 그 브랜드 가치를 되찾을 것입니다. 여러분 모두 연구원이 되어 주시고 물심양면으로 협조해 주신다면 우리 시대와 다음 세대에게 이어지는 아름다운 유산을 만들어 갈 수 있으리라 확신하며 건승을 빕니다.

2010년 10월
박용호 목사

1. 컨설팅을 통해 진단하기

1) 설문조사를 통해 성도들의 반응과 인식 정도 파악

담임목회자의 입장에서 현재 속회에 대한 만족도나 문제점 등 알고 싶은 것들의 문항을 만들어서 설문조사를 한다. 이름은 쓰지 않더라도 직분과 연령대를 파악하는 것이 좋다.

교회 진단을 위한 설문지

이 설문지는 우리 교회의 과거와 현재와 미래를 분석하여 새로운 비전을 제시하기 위한 것으로 성도 여러분이 진솔하고 폭넓은 의견을 주시면 담임목사의 목회에 큰 도움이 될 것입니다. 여러분을 위해 직분만 쓰시고 이름은 쓰지 않으셔도 됩니다.

직분   교회등록 이후   년

1. 우리 교회의 장점과 단점이 무엇인지 아는 대로 써 보세요.
   1) 장점:

   2) 단점:

2. 우리 교회에 변화가 필요한가요? 그렇다면 무엇이 변해야 한다고 생
   각하는지 써 보세요.

3. 나 자신의 변화가 교회 부흥의 시작이라는 점에서 나는 무엇이 변해
   야 한다고 생각하는지요?

4. 직분에 대한 당신의 이해는 어떤지(내가 받은 직분은 무엇을 하는 것인
   지), 직분에 따라 사명을 감당하고 있는지 써 주세요.
   장로:

   권사:

   집사:

5. 교인의 책임과 의무생활이 무엇인지 아는 대로 써 보세요.

6. 우리 교회 교인으로서 어떤 모임이나 단체에 소속되어 교제와 봉사를 하고 있는지 아니면 예배에만 참석하고 있는지 써 주시고, 만일 그냥 예배만 드리고 간다면 이유는 무엇인지 써 주세요.

7. 주변에 있는 사람 혹은 알고 있는 사람 중에서 우리 교회에 나오다가 실망하여 쉬고 있거나 다른 교회로 가려는 사람이 있다면 이름과 전화번호를 써 주시고 낙심한 이유가 무엇인지 아는 대로 써 주세요.

8. 우리 교회의 비전과 표어를 아시나요? 아는 대로 써 주세요.

9. 당신이 바라는 교회상은 무엇인가요? 앞으로 우리 교회가 어떻게 나갔으면 좋겠다는 바람이 있다면 무엇인지요?

10. 당신이 속한 속회에서 드리는 예배에 대하여 느끼는 솔직한 마음을 써 주세요. (예배, 심방, 교제, 나눔, 운영방법 등에 대한 것)

11. 안 믿는 이웃이나 불신자들에게 우리 교회에 대한 자랑이나 전도를 해본 적이 있는지요? 앞으로 그럴 기회가 있다면 동참하여 전도할 것인가요?

12. 당신은 거듭난 그리스도인인가요? 아니면 그냥 교회만 다니는 교인 인가요? 해당하는 번호에 표시해 주세요.
   1) 나는 거듭난 그리스도인이다.
   2) 나는 성령 체험한 적이 있지만 과거의 일이다.
   3) 그냥 주일예배 한 번만 참석하고 있다.
   4) 한 달에 한 번 정도만 예배에 참석하고 있다.
   5) 아직 그런 것에 관심 없다.

13. 담임목사에게 드리고 싶은 말씀이 있다면 써 주세요.

끝까지 함께해 주셔서 감사합니다. 샬롬.

교회 속회를 위한 설문지

이 설문지는 담임목사만 볼 것이며 여러분의 진솔하고 진지한 고민이 담긴 대답을 주신다면 앞으로 우리 교회 속회를 발전시키는 데 큰 도움이 될 것입니다.

이름_____ 직분_____ 속장/강사/지역장(표할 것)

1. 당신은 지금 맡고 있는 역할(직분)에 만족하십니까?
   1) 예
   2) 아니오(이유)_____

2. 속회를 위해서 당신이 맡은 사명이 무엇을 하는 것인지 구체적으로 써 보세요.

3. 속회원들이 속회로 모이는 것에 대하여 어떻게 생각하는지 써 보세요.

4. 당신은 속회원들의 신상이나 기도제목, 결혼기념일, 생일 등에 대한 기초적인 것들에 대하여 얼마나 알고 있습니까?

5. 속회로 모이면 처음부터 끝까지 어떻게 진행되며 시간은 얼마나 걸리는지 써 보세요.

6. 공과를 사용하는 강사로서 지금 사용하고 있는 공과가 어떻다고 생각하십니까? 문제가 있다면 지적해 주세요.

7. 속회를 드린 후 속회원들이 은혜를 받고 기쁨을 함께 나누는지 아니면 어쩔 수 없이 드리는지 써 보세요.

8. 당신이 본 우리 교회 속회의 문제점은 무엇이라고 생각하는지 구체적으로 써 주세요.

교회 평신도 지도자(각 기관장)들을 대상으로 한 설문지

우리 교회를 평가하고 분석하는 마지막 작업으로 여러분의 진솔한 대답과 제안들이 미래를 설계하고 가장 아름다운 교회, 부흥하는 교회로 가는 공헌이 될 것입니다.

직분 _____ 직위(부서)_____

1. 우리 교회의 비전은 무엇입니까? 앞으로 이렇게 되었으면 하는 바람이 있다면 무엇입니까?

2. 우리 교회의 건강지수는 얼마나 될까요?
   ① 리더십 ② 예배 ③ 선교   ④ 교육
   ⑤ 사역   ⑥ 속회 ⑦ 사회봉사 ⑧ 전도

3. 변화를 시도한다면 무엇부터 시작해야 한다고 생각하십니까?

4. 우리 교회의 부흥에 대한 열망이 어느 정도나 된다고 생각하십니까?
   (자신과 주변 성도들을 볼 때 느낀 온도의 정도로 평가해 주세요.)

5. 앞으로 부흥을 위한 변화의 일들이 벌어질 때 지도자 그룹에 있는 당신은 무엇을 하시겠습니까?

6. 일주일에 몇 번이나 교회를 둘러보십니까?

7. 주님이 헌신을 요구하신다면 일주일에 몇 시간이나 헌신하실 수 있습니까?

8. 담임목사에게 바라는 것이 있다면 무엇입니까?

2) 집단 상담을 통해 상황 파악하기

장로 그룹, 권사 그룹, 인도자 그룹, 속장 그룹, 집사 그룹, 평신도 그룹으로 모아서 속회에 대한 전반적인 질문을 통하여 왜 안 되는지, 무엇이 문제인지, 장단점에 대한 상황파악을 정확히 한다.

3) 개인 상담을 통해 상황 파악하기

다양한 그룹의 성도와 일대일 면담을 통해 구체적인 질문으로 문제를 파악한다.

2. 방향 설정하기

기존의 속회를 지속할 것인가? 아니면 돌봄의 속회를 운영할 것인가? 돌봄의 속회로 갈 경우 속장과 부속장 조직으로 바꾸어야 한다.

1) 조직을 정비하라

1771년 8월 뉴 룸(New Room)에서 첫 감리교 연회에 참석한 애즈베리(Francis Asbury)는 웨슬리의 설교 "하나님의 말씀을 미국까지 전해야 한다"는 말씀을 듣고 감동받아 선교사로 갈 결심을 하였고, 그해 10월 필 포트(phill port) 항구에서 미국으로 떠났다. 미국에서의 선교는 전도자들이 전도하여 3속회만 되면 교회를 세우는 형태로 발전하였고, 한국에도 역시 그들 속회의 헌금으로 교회들이 세워지면서 속회의 중요성을 배우던 때였다. 웨슬리의 전통은 속장이 절대적으로 중요하였고, 목자로서 지도자로서 돌보는 사역자로서 역할을 하였다. 속장은 작은 목자와 같이 속회의 모든 것을 책임지고 이끌었고, 생활신앙을 가르치고, 훈련하는 일에 철저하였다.

한국 교회는 1885년 11월 수요일 예배 후 11명이 첫 모임을 가진 것이 속회의 시작이며 그 효시는 상동교회였다. 선교사들을 통하여 배운 웨슬리 전통의 속회는 꾸준한 발전과 성장으로 한국 교회를 지탱한 것이 사실이다. 한국 교회는 60~80년대를 거쳐 놀라운 부흥을 하게 되었다.

그런데 관리 속회로 전락하면서 인도자를 두고 강사를 두면서 돌봄의 사역이 사라지니 속회는 명목상의 조직으로, 조직을 위한 조직으로 전락하게 되었다. 물론 여기에는 이유가 있었다. 어렵게 살 때는 돌보고 함께 울고 축복받는 일을 위해 기도하며 하나가 되는 것이 쉬웠는데 생활이 여유로워지자 실력 있고 능력 있는 사람들이 늘어나면서 시간은 없고 가르칠 능력은 있는 권사들 중에 속장보다 인도자로 세워 설교하게 한 것이 문제였다. 성경공부나 예배는 속회의 목적이 아니다. 웨슬리의 의도는 성화를 이루는 방편으로 속회를 사용한 것이기 때문에 성도들끼리 삶을 나누고 돌보고 훈련하면서 성화를 이루어 가는 것을 중요하게 생각하였다. 생활 속에서 성도로서의 삶을 실천함으로 변화되어 성화를 이루어가는 것이 신앙의 본질이고 목표였기 때문에, 서로 삶의 문제를 나누고 기도하고 영적으로 상호 책임지는 훈련을 하는 것이야말로 속회만이 할 수 있는 장점이었다. 그러므로 웨슬리는 속회에서 밴드로, 밴드에서 선발밴드로, 그리고 속회를 소홀히 하거나 생활이 온전치 못하면 참회자반으로 보내서 다시 훈련하고 회개한 증거가 있을 때 속회로 파송하는 형식을 통하여 무엇이 진정한 속회의 본질인가를 가르쳤던 것이다. 그런데 지금 우리는 관리하는 것이나 유지하는 것 이상의 의미를 두지 않고 성경공부 혹은 예배드리고 헌금하고 출석 등을 확인하여 교인유지 이상의 의미를 두지 않기 때문에 속회의 진정한 가치를 발견하지 못하는 것이다.

여러분이 만일 속회의 능력과 효능을 체험하여 목회에 큰 도움이 되기를 원한다면 우선 속장 중심 속회를 조직하여 속장이 목자의 역할을 하게 하라. 목회파트너십을 통해 속장을 소중하게 여기고 작은 교회로서의 기능을 다하도록 세워가는 것이 중요하다. 그런 의미에서 속장과 부속장 조직으로 전환하는 것은 아주 중요한 결단이 될 것이다.

2) 충분히 이해시켜라

인도자를 운영했던 교회는 반드시 반발이 있기 때문에 충분히 이해시키고 설득해야 한다. 인도자를 했던 이들은 자신이 홀대받는다거나 무시당한다는 생각을 가질 수 있다.

유교 사상의 영향으로 한국인들은 자신도 모르게 섬기고 일하는 것은 천민계급이나 종들이 하는 것이요, 누리고 가르치는 것은 양반계급이 하는 것이라는 생각이 잠재되어 있다. 지금은 많이 바뀌었지만 아직도 우리는 인간의 우월성을 계급이나 직위에 두는 경향이 있다. 전통적인 교회일수록 이러한 현상은 더욱 심하다. 그래서 인도자 그룹은 대부분 집사 중에서 고참이나 권사 혹은 장로들이 맡고 있는데, 어느 날 인도자나 강사를 없애고 속장 중심으로 할 것이니 속장 하라고 하면 거부반응을 나타내는 것이다. 순종의 신앙이 아름다운 것임을 알면서도 은근히 협조하지 않고 열의가 식어지니, 되는 것도 아니고 안 되는 것도 아닌 상태가 되어 목사만 힘들어진다. 그러므로 온전히 이해하여 전적으로 순종하고 기쁨으로 일하는 마음이 일어나도록 설득하고 충분하게 이해할 때까지 서두르지 말아야 한다. 이것이 넘어야 할 최대의 고비이며 성공과 실패의 분수령이 된다.

3) 돌봄의 속회에 대한 이해와 방법

(1) 돌봄의 속회는 무엇인가?

돌봄(Caring)이라는 단어의 어원은 구약에서 온 것이다. 양호, 목양과 같은 말들로 쓰였는데, 돌봄은 제사장들의 제사와 현자들의 상담 그리고 예언자들의 예언의 말씀을 포함하여 백성을 돌보고 방향을 제시하고 이끌어 주는 것을 뜻한다.

돌봄의 속회에서 가장 중요한 것은 사역 원리다. 모든 것이 그렇지만 사역원리가 없이는 안 된다. 수학도 공식이 있어야 문제를 풀 수 있는 것과 같이 사역 원리는 기초이며 흔들리지 않는 반석과 같다. 운동선수들이 비록 프로라 할지라도 게임이 안 풀리면 기초부터 다시 연습하는 것과 같다. 사역의 기초는 원리이기 때문에 돌봄의 속회에서 웨슬리 속회의 다섯 가지 내용을 담아내는 사역 원리는 무엇보다 중요하다. 오늘의 시대에서 신도회(society), 속회(class meeting), 밴드(band), 선발밴드(select band), 참회자반(penitents)을 어떻게 접목하여 운영할 것인가의 문제는 매우 중요하다. 억지로 만들면 될 수도 있겠지만 개인주의와 포스트모던 시대에 그대로 적용하기는 무리가 있다. 그러므로 이 다섯 가지 내용들을 단순화하면서 성화와 성장이라는 두 마리 토끼를 잡을 수 있는 사역원리가 필요한 것이다. 감사하게도 그러한 내용은 이미 사도 바울에 의해서 제기되었다. 그리스도의 교회를 몸의 원리로 설명하면서 에베소서 4장 11~16절의 내용의 중심에는 세 가지 중요한 도구들이 있다. 돌봄과 세움과 증인이라는 것이며 이 세 가지를 통하여 성도들이 성숙한 그리스도인이 되고 그리스도의 장성한 분량에 이르는 성장이 가능하다는 이론이다.

웨슬리의 성화를 위한 다섯 가지 방편들을 돌보고(Caring) 세워서 (building up) 증인되는(witness) 사역원리(triangle ministry)로 바꾸면서 이것이야말로 웨슬리의 속회를 건강하고 성장 동력이 될 수 있는, 이 시대에 가장 잘 어울리는 사역 원리로서 손색이 없다는 확신을 갖게 되었다. 이 내용을 들여다보면 초대교회의 소그룹 원리와도 잘 맞기 때문에 더욱 좋다고 할 수 있다. 그동안 우리는 속회공과를 집필하면서 돌봄, 세움, 증인이라는 도구를 3년 사이클에 맞춰서 '돌보시는 하나님', '세우시는 하나님', '세상을 향하신 하나님'이라는 주제로 제작하였다. 앞으로도 이 세 가지 사역 원리는 공과와 속회의 밑바탕에 흐르는 기초가 될 것이다.

돌봄(Caring)이라는 것을 좀 더 살펴보면 지극히 성서적이며 양육적이라는 것을 알 수 있다. 하나님께서는 말씀으로 세상을 창조하셨지만 그것으로 그친 것이 아니라 지금도 여전히 이 세상을 돌보고 계신다.

새 생명이 태어나 한 가정에 식구 하나가 늘어나면 온 집안 식구가 기뻐하면서도 비상이다. 그런데 아기를 돌볼 사람은 오직 어머니밖에 없다. 다른 사람들은 다 보조일 뿐 전문적인 돌보미는 어머니다. 젖을 먹이고 목욕을 시키는 등 온갖 돌봄의 손길이 필요하다. 아기에게 이렇게 해라, 저렇게 해라 한다고 아기가 할 수 있는 상황이 아니다. 잠시도 눈을 뗄 수 없는 상황이다. 마찬가지로 속장은 목자와 같아서 어린 양 떼, 중간 양, 성장한 양에게도 돌봄의 손길이 절대로 필요하다. 그래서 사도 바울은 말하기를 그리스도 안에서 일만 명의 스승이 있는데 아버지는 적다고 하면서 어미같이 양육을 책임지고 돌볼 사람이 중요함을 설파하는 것이다.

예수님의 논리는 더욱 직접적이다. 요한복음 21장 15~17절에서 시몬 베드로에게 질문하시는 내용을 보라. "네가 이 사람들보다 나를 더 사랑하느냐?" 사실 이 상황을 자세히 들여다보면 주님께서 이렇게 질문할 상황은 아닌 것 같다. 마지막 십자가에서 구원의 사역을 다 이루시면서 피한 방울까지 아끼지 아니하신 주님이셨는데 "다 주를 버릴지라도 자신만은 주님을 버리지 않겠다"던 베드로가 주님을 배신하여 세 번이나 저주하면서 자기는 예수가 누군지 모른다고 부인하였고 주님을 버리고 갈릴리로 갔다. 괘씸할 수도 있는데 주님은 그의 배신에 대해서는 한 마디 책망도 하시지 않고 네가 이 사람들보다 나를 더 사랑할 수 있는가를 물으신다. 그러니 묻는 의도가 무엇인가 생각하지 않을 수 없는 것이다.

사람의 충성을 이끌어내는 여러 가지 방법 중 상대방의 마음을 감동시켜서 충성하게 하는 것은 매우 어려운 일이지만 가장 최선의 방법이라고 할 수 있다. 예수님이 베드로에게 "네가 나를 사랑하느냐?"고 물으신 것은 대목양위임명령을 위한 그의 마음과 영성을 확인하시는 작업이다. 마지막 승천하시기 전에 주님의 사명은 이 땅에 제자들을 통하여 교회를 지속시켜 나가는 일이 중요하였고, 그것은 다른 어떤 조건보다 주님을 지극히 사랑하는 영성이 있어야 환경을 뛰어넘고 자기 자신까지 뛰어넘을 수 있기 때문에 사랑을 물으신 것이다. 주님의 기대대로 베드로는 십자가에서 거꾸로 순교하기까지 충성을 다하여 사명을 감당했다. 그렇다면 담임 목사가 속장들에게 요구해야 할 것은 무엇이겠는가? 우리도 마찬가지다. 주님을 뜨겁게 사랑하는 마음, 그러한 영성을 가진 사람을 선발하고 선발했으면 그렇게 되도록 하는 길밖에는 없다. 어떤 조직이라도 속장이 돌봄의 뜨거운 사랑이 있으면 잘되는 것을 수없이 경험한다.

(2) 돌봄은 이렇게 하라

첫째, 돌봄이란 관심이다. 사람은 보는 것이나 듣는 것, 생각하는 것 모두 자기가 듣고 싶은 것만 듣고, 보고 싶은 것만 본다고 한다. 다른 말로 하면 관심 있는 분야에서는 무한한 가능성과 발전을 이룰 수 있다는 말이다. 아무리 시골 아낙네 혹은 노인이라도 자기가 관심을 가지고 지속적으로 하는 일에는 '세상에 이런 일이'에 나오는 주인공이 될 정도로 뛰어난 능력을 보일 수 있다. 속장은 목자로서 내 속회원들에 대하여 어떤 관심을 가져야 할까?

① 조사하라 – 속회원들의 모든 것을 많이 알수록 잘 돌볼 수 있다.
② 영적인 측면 – 구원의 확신, 좋아하는 찬송, 좋아하는 성구, 봉사생활, 헌금생활, 은사의 종류, 기도제목, 가훈 등

③ 신상에 관한 것 - 생일, 결혼기념일, 혈액형, 자녀들, 인간관계, 특기, 장래의 소망 혹은 꿈, 사회적 지위, 사회봉사활동 등

둘째, 돌봄의 영역은 세 부분이다. 자신을 돌보고, 너를 돌보고, 서로 돌보는 것이다. 이 세 가지가 균형을 이루어야 건강하게 된다. 만일 이 셋 중에서 한 가지에만 치우친다면 문제가 생길 수밖에 없다. 세상에서 가장 안정감을 주는 형태가 3이다. 하나님의 존재방식도 삼위일체이고 예전에 시골에서 아궁이에 된장찌개 끓일 때 사용하던 것도 삼발이였다. 이처럼 삼위일체는 가장 안전한 존재방식이며 균형을 이룰 때 가장 강력한 힘을 발휘할 수 있는 것이다.

① 자신을 돌보는 것은 내 안에 불이 있어야 불을 나누어 줄 수 있고, 내가 주님을 만난 체험이 있을 때 그 체험에서 나오는 열정이 강력한 확신으로 발전할 수 있기 때문이다. 감리교 신학의 네 기둥에 체험이 들어가는 것은 웨슬리 자신의 체험에서 나온 것이다. 그러므로 속장은 자신의 신앙을 위한 돌봄의 사역을 소홀히 하면 안 된다. 속장에게 구원의 확신이 없다면 소경이 소경을 인도하는 꼴이 될 것이다. 그러므로 속장은 배우고 확신한 일에 열심을 다해야 한다. 무엇보다 담임목회자와 목회파트너십을 가지고 사역을 해야 하기 때문에 속장교육에 반드시 참여해야 하고 개인적인 성장을 위해 기도생활과 은혜체험을 위해 힘써야 한다. 담임목사의 입장에서는 거듭난 증거와 성령체험만 있다면 잘할 수 있기 때문에 두 가지를 확인하는 것이 좋다.

② 너를 돌보는 것은 두 가지 형태로 돌보는 것이 좋다. 먼저 기도로 돌보는 것이다. 기도로 돌보는 것은 성령의 능력을 의지하는 것이다. 매일 내 속회원의 이름을 부르며 기도하기 시작하면 그 사람의 영을 끌어당기는 흡인력이 생긴다. 하나님은 기도하는 사람을 통하여 일하시기 때문에 속장이 기도하기 시작하면 순종의 마음이 생기게 되므로 자연히 속장은

영적인 리더십을 갖게 된다. 마태복음 18장 18절 이하의 말씀을 보면 주님의 강력한 약속이 기도를 통하여 주어졌다. "무엇이든지 땅에서 매면 하늘에서도 매일 것이요 땅에서 풀면 하늘에서도 풀리리라."고 하신 천국 열쇠의 약속이다. 속장이 천국열쇠인 기도의 열쇠를 사용하면 하늘의 능력이 나타나기 시작한다. 성령의 역사가 내적인 순종과 사모하는 영을 부어주시고 외적으로는 때를 따라 천사들의 도움을 받을 수 있는 것이다. 속장은 심방할 경우 미리 기도로 충분히 성도들의 주변을 정리할 수 있고 방해하는 어둠의 세력을 무력화시키는 기도를 해야 한다. 이것이 기도로 돌보는 능력이다.

둘째는 생활로 돌보는 것이다. 이것은 속장의 봉사와 구체적인 돌봄의 사역을 말하는데, 속장으로서는 번거로울 수 있고 힘들 수 있다. 그러나 사랑이 입술에 있는 것이 아니라 손끝에 있다는 것을 알고 선한 사마리아인의 비유같이 생활의 강도를 만나 도움이 필요한 속회원이 있다면 직접 돌봐 주고, 아프면 죽을 쑤어서 먹게 해 주고 일손이 바쁘면 돕기도 하는 등 구체적인 돌봄을 실천하는 것이야말로 진정한 목자의 모습이라 할 수 있다. 이 모습을 통해 속회원들이 믿고 따르게 된다. 관리 속회에서는 이러한 돌봄이 안 되니 속회가 구심점이 부족하고 친화력이 생기지 않는다. 인도자는 말씀만 전하고 속장은 연락만 하고 속회보고만 하면 된다면 사역은 누가 하는 것인가? 바로 이것이 조직은 있는데 목자는 없어서 양들이 사랑에 굶주리고 돌봄을 받지 못하여 여기저기 찢기고 방목하는 형태가 되는 것이다.

③ 돌봄의 완성은 서로 돌보는 것이다. 웨슬리 속회에서 밴드의 경우 핵심이 직고(accountability)라는 것으로 상호영적책임을 지는 것을 말한다. 사람은 홀로 살 수 없는 사회적인 존재다. 성화를 이루는 것은 혼자 고행함으로 이루는 것이 아니라 관계 속에서 이룰 수 있는 실천적(practical)인

것이다. 서로 기도해 주고, 서로 책임져 주고, 서로 감시해 주면서 함께 성화를 이루어가는 것은 삼위일체적인 존재방식이다. 이러한 의미를 잘 이해하지 못하면 속회에서 삶을 나누던 것이 나중에는 비밀을 누설하고 시험에 들기도 하는 불상사를 가져올 수 있다. 그러나 진정한 돌봄의 정신을 이해하면 다른 사람의 문제가 내 문제가 되고 나의 약점이나 다른 사람의 약점이 흉보거나 비판의 문제가 아니라 내가 돌봐 주어야 할 사역이 되는 것이다. 동시에 서로 돌보는 것은 속장만 일방적인 돌봄의 수고를 하는 것이 아니라 속회원이 속장을 돌보고 속회원이 속회원을 돌보는 공동체가 되는 것이다. 이것이 바로 속회에서 밴드로 성장해 가는 과정이기도 하다.

3. 토양작업하기
– 공감대 형성하기(3개월)

1) 신학적 이해 – 담임목사의 철학

담임목회자가 먼저 충분히 이해해야 한다. 부대를 이끄는 사령관에게 분명한 철학과 확신이 없으면 전투에서 승리할 수 없다. 그러므로 담임목회자가 확고한 의지와 철저한 이론과 철학으로 무장되어 있어야 강력한 에너지가 나올 수 있다.

(1) 소그룹의 신학적 의미

존재하는 모든 것은 창조자의 그림자이다. 창조자의 인격과 존재방식의 틀 안에서 창조되기 때문에 창조자의 그림자라고 할 수 있다. 속회에 대한 이야기를 하면서 왜 신학적인 접근을 하는가의 문제는 속회에 대한 기초를 확실히 하기 위해서이다. 웨슬리의 속회는 시대 흐름에 따라 유행하는 프로그램이 아니다. 그러므로 그 근원적인 물음과 대답을 통하여 정리해 보고자 한다.

첫째, 인간은 어떤 존재인가?

창세기에서 인간은 하나님의 형상대로 지음 받은 존재라고 밝히고 있다(창 1:27). 여기서는 제한적인 접근을 통하여 존재론적인 접근보다는 하나님과의 관계적인 존재로서의 인간 그리고 어떻게(How)로서의 접근보다는 왜(Why)로서의 접근을 하고자 한다.

서론에서 인간이 창조자의 그림자라고 한 것이 사실이라면 먼저 창조자이신 성삼위 하나님의 존재방식을 살펴보지 않을 수 없다. 창세기 1장 26절에서 "하나님이 이르시되 우리의 형상을 따라 우리의 모양대로 우리가 사람을 만들고"라고 하신다. 이 말씀 속에는 창조의 비밀이 들어 있다. 우선 하나님께서는 공동체의 존재방식을 취하고 계신다. 스스로 고립된 존재도 아니고 능력을 홀로 행사하시는 존재가 아니라 협력과 조화를 상호의존적으로 누리고 계신다. 26절 한 절 속에 '우리'라는 말이 세 번이나 나온다. 이것은 인간창조의 모델을 하나님 자신으로 설계하시고 창조하시는 과정을 드러내고 있다.

첫 번째 "우리의 형상을 따라"라고 하신 것은 본질적인 창조의 기초를 성삼위 하나님의 존재방식을 모델로 하신다는 것이다. 그래서 인간의 속성 속에는 하나님의 형상을 닮고 싶어 하는 욕구가 있으며, 웨슬리는 이것을 성화로 끌어 올리고자 한 것이다. 둘째 "우리의 모양대로"는 관계하는 존재, 상호의존적인 존재 형태대로 만들자는 것이다. 그래서 인간은 사회적인 존재로 더불어 살 때 가장 자연스럽고 행복한 것이다. 셋째 "사람을 창조하시되 남자와 여자를 창조하시고"는 목적적인 존재를 의미하는 것으로 피조물로서의 사명과 만드신 목적 실현을 위한 존재로 창조한 것을 담고 있다. 이렇게 볼 때 인간은 단순히 피조된 존재에 불과한 것이 아니라 하나님의 뜻과 목적이 의도된 존재로 창조되었음을 알 수 있다.

둘째, 성삼위 하나님의 존재방식과 피조물의 존재의미

성삼위 하나님의 존재방식이 삼위일체적으로 존재하는 것은 공동체적으로 존재한다는 뜻이다. 세상에서 가장 안정적인 공동체는 3이라는 수로 이것은 최소한의 공동체다. 사람을 남자와 여자로 만들어서 부족한 한 사람은 하나님께서 함께하시기를 원하신 것이다. 그 증거가 에덴동산의 모형이다. 창세기 3장 8~9절에 보면 "그들이 그 날 바람이 불 때 동산에 거니시는 여호와 하나님의 소리를 듣고 아담과 그의 아내가 여호와 하나님의 낯을 피하여 동산 나무 사이에 숨은지라. 여호와 하나님이 아담을 부르시며 그에게 이르시되 네가 어디 있느냐." 이 말씀은 매우 서정적인 장면이다. 아담과 이브는 평소에는 하나님의 발소리만 듣고도 달려 나가 대화하며 교제하는 행복한 삶을 살았는데 그날 곧 선악과를 따먹고 죄를 지은 날에는 피하여 숨었다는 것을 암시하는 것이다. 공동체의 정신은 웨슬리가 말하는 대로 상호영적책임의식(accountability)을 가지고 서로 돌보고 삶을 나누는 것이다. 하나님께서 동산에 다가오셔서 그날의 삶을 함께하시려고 "아담아, 네가 어디 있느냐" 하고 물으시는데 아담과 이브는 자신을 숨기고 감춤으로 관계가 깨지고 만 것이다. 그 결과 아담과 하와는 에덴동산에서 쫓겨난다. 이것은 은혜의 자리에서 밀려난 것을 의미한다. 건강한 공동체는 마음을 함께 나누고 죄를 고백하며 삶을 공유함으로 하나 되는 것이다. 혼자서는 온전하게 설 수 없기 때문에 함께함으로 온전함을 유지할 수 있게 한 것이다. 아무리 큰 나무라도 혼자서는 폭풍 앞에서 설 수 없다. 그러나 뿌리가 서로 얽혀 있어서 서로 붙들어 준다면 아무리 폭풍이 몰아쳐도 굳건히 설 수 있다. 그러므로 인간은 하나님의 존재방식으로 서로 붙들어 주는 공동체 안에 있을 때 온전하게 될 수 있다.

셋째, 창조 속에 나타난 관계 DNA

아담은 창조된 최초의 인간이었다. 그는 환경과 조화로운 관계를 가졌으며, 하나님과 친밀한 관계를 맺었음에 틀림없다. 에덴동산은 진정한 낙원이요, 안전한 거주지였다. 아담은 하나님과 안전하고 평화로웠을 뿐만 아니라, 자신과도 평화를 누렸다. 아담은 우주 안에서 차지하고 있는 자신의 위치를 확신했다. 그러나 하나님은 아담에게 그 이상의 것, 즉 동료 인간, 인간관계를 주길 원하셨다. 하나님은 "사람이 혼자 사는 것이 좋지 아니하니(창 2:18)"라고 말씀하셨다.

아담이 처음 하와를 보고 어떤 반응을 보였을지는 상상할 뿐이지만, 아마도 육체적 감각이 경험할 수 있는 그 이상의 깊은 친밀감과 그녀에 대한 거부할 수 없는 갈망을 느꼈을 것이다. 왜냐하면 하나님께서 그들 내면 깊은 곳에 정서적, 신체적 관계를 위한 갈망과 함께 내적 영혼의 결합, 즉 인간관계라고 할 수 있는 영혼의 친밀한 결속력을 심어 놓으셨기 때문이다. 그들은 하나님과 서로와의 관계 속에서 안전하고 깊은 만족을 누렸다.

먼저 관계의 DNA는 세 가지 요소로 구성되어 있는데 그것은 다른 사람, 나 자신, 그리고 하나님과의 관계를 위해 지음 받았다는 것이다. 이 설계의 특징은 우리가 그것을 인식하든 못하든, 그것에 따라 살든 안 살든 우리 모두에게 적용된다. 무엇보다 이 세 가지 관계의 DNA는 상호관련성이 있다.

하나가 균형을 잃으면 나머지 둘도 삐걱거린다. 하나를 강화시키면, 나머지 둘도 저절로 견고해진다. 하나님-자신-다른 사람들과의 관계는 대계명으로 우리에게 주어졌다. "네 마음을 다하고 목숨을 다하고 뜻을 다하여 주 너의 하나님을 사랑하라 하셨으니 이것이 크고 첫째 되는 계명이요, 둘째도 그와 같으니 네 이웃을 네 자신같이 사랑하라." 신약 성경의 가르침은 DNA 안에 감춰진 것을 강조한다. 하나님과의 관계가 첫째요 가장 위대한 관계이며, 다른 사람을 사랑하는 능력은 자신을 사랑하는 능력과 관계있다는 것이다. 이 세 관계는 마치 우리의 유전자 구조의 일부 같다.

넷째, 포스트모던 시대를 살아가는 인간의 특징

포스트모던 시대의 특징 일곱 가지 중 하나는 오늘날 인간은 이기적이며 개인주의적 삶을 추구한다는 것이다. 우리나라가 OECD 국가 중 출산율이 가장 저조하여 인구감소 현상이 나타나는 이유 중 하나는 결혼 적령기의 여성들이 자기들의 인생관을 이렇게 표출하는 것 속에 나타난다. '나는 내 인생을 희생하고 싶지 않다.' 부모님은 자식들을 위해 자신의 모든 것을 포기하고 희생했지만 나는 내 인생을 누리며 살고 싶기에 어느 날 결혼하여 한 남자를 위해 희생하고 자녀를 위해 나를 포기하기엔 너무 억울하다는 것이다. 어디 젊은 여성들뿐인가? 과학의 발달과 PC의 진화가 스마트폰이나 온갖 기기들을 양산해 내는 상황에서 사람과의 관계 때문에 스트레스를 받기 싫으니 혼자만의 즐길 거리를 찾는 사람들도 있고, "애완동물은 내 마음대로 일방적인 사랑을 줄 수 있으니 얼마나 편하고 자유로운가. 사람은 배신하고 신경 쓰게 하지만 강아지는 그렇지 않다"고 말하는 이들도 있다.

이렇게 우리는 자신도 모르는 사이 스스로를 고립시키는 시대를 살고 있다. 그러나 인간은 언제까지나 그렇게 살 수 없는 존재다. 인간은 혼자 있기를 원하면서도 더불어 사는 존재로 창조되었기에 또한 사람을 그리워한다. 이것이 모순적인 존재라는 것이다. 그렇기 때문에 의미 있는 공동체를 찾기 시작했다는 것이다.

결론적으로 인생은 관계이고, 나머지는 부수적인 것이다. 하나님은 관계를 위해 당신을 창조하셨다. 이것은 무엇을 의미하는가? 인간은 소그룹 속에서 관계할 때 균형과 행복을 누릴 수 있는 존재라는 뜻이다.

(2) 웨슬리 속회의 신학적인 기초

웨슬리에게 속회는 복음을 받아들인 이들에게 어머니 같은 역할을 하는 돌봄의 공동체였다. 이렇게 말하면 속회에 대한 충분한 대답이 될 것인가? 그렇지 않다. 무엇이든지 그렇지만 가장 중요한 것은 신학적인 질문을 통하여 뿌리를 발견하고 실체를 밝혀내는 작업이다. 가장 어려운 것은 질문을 잘하는 것인데 부족한 지식으로 돌팔이 의사와 같이 잘못된 진단과 처방을 내릴까 걱정이 앞선다.

첫째, '속회(Class Meeting)란 무엇인가'의 문제다. 이것은 정체성을 밝혀보고자 하는 질문이다. 세상에는 수많은 소그룹이 있고 나름대로의 목적과 가치를 가지고 있다. 그러나 웨슬리가 지향하는 속회는 관리 차원의 조직도 아니고 전도를 목적으로 조직한 것도 아니었다. 웨슬리 속회가 지향하는 궁극적인 목적은 성화를 이루는 것으로 그리스도인의 완전(Christian perfection)에 있었다.

그러나 그리스도인의 완전을 향한 여정에는 몇 가지 특징들이 나타난다. 프랑크 베이커는 "메도디즘의 가장 특징적 성격은 '마음 뜨거운 교제'(warm-hearted fellowship)였으며, 이것은 속회 안에서 가장 충만하게 경험되었던 것이다. 속회는 수천수만의 신도들을 소그룹으로 묶어 돌보고 양육하며 훈련시키는 가장 보편적이고 기본적인 방편이 되었다"고 말한다. 우리는 여기서 '마음 뜨거운 교제'가 무엇인가에 집중할 필요가 있다. 마음 뜨거운 교제는 초대교회 원시공동체가 모델이다. 그들은 날마다 성전에서 모이고 가정에서 모여 말씀을 배우고 떡을 떼며 교제하고 기도하기에 힘썼다. 그야말로 마음 뜨거운 교제의 김이 모락모락 피어오르는 것 같은 분위기가 감지된다.

마음 뜨거운 교제를 향한 첫 발걸음은 그냥 이루어지는 것이 아니다. 마음을 아우르는 사랑의 울타리가 있어야 한다. 사람들은 나와 관계없는 일에는 별로 관심이 없다. 그러므로 돌보는 사랑으로 이끌어주어 영적인 필요를 채워 주어야 한다. 웨슬리에게 속회의 동력은 직고하는 동력이었다. 여기서 말하는 직고란 고백적인 밴드의 방법이 아니라 지난 한 주간 동안에 일어났던 삶의 이야기를 솔직하게 나누는 간증형식을 말한다. 모두가 삶의 이야기를 솔직하게 나누다 보면 공감대가 형성되고 말씀으로 향하게 된다.

일반적으로 상담소그룹 공동체에서는 자기를 열어서 고백함으로 스스로 치유하게 만드는 방법을 사용하지만 웨슬리 속회에서는 적극적으로 성령의 인도하심을 구하며 말씀의 빛으로 나가고 돌봄과 후원을 실천하는 것이었다. 그래서 직고(accountability)를 상호영적책임을 지는 것이라고 한다. 그러므로 속회에서는 속장이 중심이 되며 속장은 단순한 리더가 아니라 목자인 것이다. 대부분 소그룹들에서는 지도자 혹은 리더라고 하는데 속회에서 속장은 목양의 개념을 가진 목자에 속한다. 예수님이 보여 주신 선한 목자의 모델이야말로 속장의 이미지와 잘 맞는다. 이렇게 마음을 열어서 삶의 이야기를 나누며 성화를 향한 첫 발걸음을 딛게 되면 자연히 회개와 성령의 인도하심을 간구하고자 하는 마음이 일어난다. 뜨거움(warm)이란 주관적인 감정이 아니라 성령의 역사를 의미한다. 웨슬리가 올더스게이트(Aldersgate)에서 경험했던 성령체험이다. 이상하게 마음이 뜨거워지면서 믿어지고 확신이 생기는 거듭남의 사건을 말한다. 단순히 음식을 나누며 친교하는 모임이 아니라 성령 안에서 나누는 교제를 말한다. 이것은 누가 은혜가 없으면 함께 기도하고, 누가 어떤 문제에서 헤매고 있으면 함께 중보하며 영적으로 풀어가는 것이다. 이러한 공동체는 성령의 능력 아래 있는 공동체라고 할 수 있다.

속회의 두 번째 특징은 톰슨(E. P Thompson)이 올바르게 고찰했듯이 영국의 비국교도 전통들과 날카롭게 구별되는 감리회의 연계적 체제, 즉 연대주의 혹은 연결주의(connectionalism)라는 것이다. 바로 이러한 연계를 통해서 웨슬리는 그의 교구에 대한 직접적인 목회상의 감독을 계속하였으며, 결국 바로 그것이 감리회를 "교회 속의 작은 교회"(*ecclesiolae in ecclesia*)로 만들었던 것이다.

오늘날 교회를 보면 담임목사 한 사람의 카리스마적인 리더십에 의한 목회를 하는 종적인 구조를 띠고 있다. 이런 구조에서 목양은 담임목사의 설교에 의존할 수밖에 없다. 교회 규모가 작을 경우에는 심방을 통한 관계형성으로 이루어진다. 이렇게 형성된 신앙은 몇 가지 문제를 유발한다. 담임목사의 설교가 은혜가 없다고 느껴지면 언제든지 떠난다는 것이다. 그래서 떠돌이 교인들이 늘어나고 성도들의 신앙이 이기적이고 기형적인 신앙으로 변질될 수밖에 없는 것이다. 심방을 통해 관계지향적으로 형성된 교회는 담임목사가 이동할 경우 따라가거나 다른 교회로 가든지 아니면 후임 목사에게는 고통의 가시가 되는 경우가 많다. 그러므로 건강한 신앙이란 종적인 관계형성이 아니라 횡적인 관계형성을 지향해야 한다. 그것이 평신도 운동이며 '교회 안의 작은 교회' 운동의 본질인 속장 중심의 목양사역이다. 담임목사 중심의 종적인 구조를 가진 교회는 연대성을 잘하지 못한다. 공유하는 것보다는 개인화하고 사유화하는 경향이 있다. 셀처치의 문제점도 여기에 있다. 목자에게 전권을 위임하고 작은 교회의 역할을 잘하여 계속 분가하는 전도의 동력화는 좋은데 셀장의 독립성과 자율성이 연계성을 파괴하고 담임목사와의 관계도 단절시키므로 분열현상이 나타나는 것이다. 그러나 속회에서는 연대성이 특징이고 교회에서 할수 없는 관계, 친교, 교육, 돌봄 등을 통하여 진정한 교회로서의 기능을 잘해낼 수 있다. 영국에서 교회를 'Church'가 아니라 'Circuit'이라고 하는 것도 이러한 이유다. 'Circuit'은 독립적인 것이 아니라 본체에 연결된 회로를 의미하는 것으로, 작은 교회들은 지방의 감리사가 주관하고 통제를 받으며 그야말로 연계성이 확실한 조직을 말한다. 어떤 조직이든지 정신이 사라지고 조직을 위한 조직이 되면 생명성을 잃게 마련이다. 지금 한국 감리교회의 문제는 연대주의의 정신이 조직(당회, 구역회, 지방회, 연회, 총회) 속에만 남아 있고 실제 교회들은 개교회 중심이 되어 있다. 이러한 문제는 정치적인 문제를 유발하고 조직 자체를 유지하기 위한 기형적인 상황들을 연출하게 된다. 교회를 들여다보면 교단의 폐단이 그대로 드러난다. '교회 안의 작은 교회'의 기능이 전혀 없고 관리 속회로 전락된 이면에는 목회자들이 가지고 있는 생각들이 그대로 드러난다. 교제와 돌봄과 생명력 있는 속회는 찾아보기 어렵고 더구나 성화를 목표로 했던 웨슬리의 정신과는 거리가 먼 명목상의 조직으로 전락되어 있음을 보게 된다. 열심히 모인다는 속회도 들여다보면 성화를 위한 조직이 아니라 교인유지와 헌금과 교제를 위한 공동체 정도의 수준을 넘어서지 못한다. 그래서 속회가 갖고 있는 영적인 매력을 잃어버린 성도들은 남선교회나 여선교회 장로회 등에 더 많은 관심을 갖게 되었고, 이러한 조직은 강력한 정치세력이 되어 권력에 침 흘리는 이들의 도구가 되어버린 것이다.

이제 두 번째 질문을 해야 한다. **'속회는 무엇을 추구하는가'**의 문제다. 앞에서 약간 언급한 것같이 속회의 목적은 성화(sanctification)를 위한 방편으로 만들어진 것이라고 웨슬리는 말한다. 그리고 성화는 그리스도인의 완전(Christian perfection)을 목표로 하는 구원의 단계로 나간다. 웨슬리는 구원을 추상적으로 말하거나 성도들이 알아서 찾아가도록 방목한 것이 아니라 속회라는 조직을 통하여 구원받은 모든 성도를 책임지고 이끌고자 하는 목적으로 이러한 조직을 만들었다. 일찍이 옥스퍼드의 신성회(Holy Club)를 통하여 경건훈련의 중요성을 인식한 웨슬리는 소그룹의 중요성을 절대적으로 믿고 있었던 것이다. 그래서 웨슬리의 조직은 적어도 다섯 가지 단계별 조직을 가졌다. 신도회(Society)는 전체 교인을 아우르는 공동체로서 지역교회라고 할 수 있다. 여기에 목회자가 있고, 교인들의 신앙훈련을 위해 속회(Class Meeting)를 만들었다. 이곳에서 개인적인 돌봄과 영적인 훈련을 했다. 이들 중에 성화의 정도에 따라 밴드(Band)를 형성하고 더 성화된 사람들을 선발하여 선발밴드(Select band)를 만들었다. 그러나 이렇게 조직을 해서 훈련을 해도 전혀 경건치 못하거나 성실치 못하여 제멋대로 무단결석하거나 태만하여 믿음의 파선을 당한 자들은 영적으로 강하게 훈련시켜서 믿음을 회복시키는 목적으로 매 주일 저녁 따로 모여 신앙 훈련을 시키는 참회자반(penitents)으로 나누어져 있었다. 웨슬리는 조직에 관하여 탁월한 능력을 가진 사람이며 또한 카리스마적인 리더십을 가진 지도자였다. 한 사람의 뛰어난 영성과 지도력과 능력이 연대주의 속에서 이룰 수 있는 최상의 조직이라고 할 수 있다. 그러나 이러한 조직의 한계도 발견한다. 지도자의 영성과 성화를 위한 헌신 그리고 따라오는 성도들의 순종과 속장들의 역할의 문제. 브리스톨에서 처음 시작했던 밴드(Band)는 더 이상 지속할 수 없어서 속회(Class Meeting)로 전환할 수밖에 없었고, 웨슬리가 추구했던 선발밴드(select band)에 속한 사람들은 평생 40여 명에 이르렀다고 한다. 오늘날 우리의 문제는 성화의 단계별 훈련과 조직 그리고 거기에 이를 수 있는 방법이 없다는 것이다. 이 글을 쓰고 있는 본인의 입장에서 보아도 너무나 많은 것을 내려놓아야 하고 희생하는 것에 대한 어려움이 있기 때문이다. 그렇게 살기 위해서는 굉장한 결단을 해야 하고 어쩌면 도시를 떠나야 하는 상황일지도 모른다. 분명한 것은 웨슬리 속회가 추구하는 것은 성화이며 이렇게 성화된 그리스도인들은 순종과 복음 사역에 헌신함으로 자연히 부흥의 씨앗들이 되어 속회는 부흥의 전초기지 같은 역할을 하게 되었다는 것이다. 웨슬리 속회가 전도소그룹을 목적한다면 주객이 전도된 것이다. 웨슬리 속회는 영혼을 돌보고 성화를 훈련하는 목적으로 시작하여 복음전도와 부흥이 그 결과로 나타난 것이지 전도를 목적으로 조직한 것이 아니었음이 분명하다.

세 번째 질문은 '왜 속회여야 하는가'의 문제다. 우선 우리는 속회의 기능 가운데 오해하고 있는 부분을 살펴볼 필요가 있다. 속회는 성경공부 하는 곳이 아니다. 어떤 분들 중에는 속회공과가 공부할 것이 없다고 하면서 성경공부를 잘 가르칠 수 있게 만들어 달라고 주문하는 분들도 있다. 만일 속회가 성경공부 하는 것이 목적이라면 속회를 만들 필요는 없다. 미국감리교회가 개발하고 지금도 몇몇 교회들이 실시하고 있는 장년주일학교에서 성경을 배우는 방법을 사용하는 것이 훨씬 좋다. 또는 제자훈련 성경공부반을 만들어 공부하는 것이 더 좋을 것이다. 또 다른 오해는 속회를 예배드리는 것으로만 오해하는 경우다. 주일 낮이나 저녁 혹은 수요일 등 교회에서 드리는 예배도 적은 것이 아니다. 하나님께 예배드리는 것은 개인적으로도 얼마든지 할 수 있다. 그러나 개인적으로 하기 어려운 것이 있다. 나를 후원하고 격려하고 돌봐주며 때로 책망해주기도 하는 영적 훈련은 혼자 할 수 없는 것이다. 또한 간증을 함께 나누며 은혜를 나누고 치유하는 공동체의 축복을 혼자서는 할 수 없다. 그리스도의 몸의 기능으로 협력을 배우고 성화를 이루어가는 것도 혼자서는 안 된다. 전술한 대로 하나님의 존재방식이 소그룹 공동체로 존재하시고 움직이는 공동체요, 살아있는 공동체요, 훈련하는 공동체로서의 작은 교회인 속회는 기능적으로 매우 효율적이고 건강한 교회 안의 작은 교회, 즉 진정한 교회로서의 역할과 기능을 할 수 있는 최상의 조직이라는 점에서 매우 중요하다고 할 수 있다.

'왜 속회여야 하는가'의 질문 앞에 발상의 전환이 필요함을 느낀다. 용어의 문제를 두고 많은 고민을 해 보았지만 마땅한 단어가 생각나지 않는다. 그래서 이렇게 해 보기를 제안한다. 속회라는 단어는 감리교의 전유물이 되었지만 우리가 사랑하지 않았고 활용하지 못했다. 순수한 우리말이지만 지금은 모르고 있다. 중국 사람들에게 속회를 설명하면 금방 알아듣는다고 한다. 한자로 쓰면 쉽게 이해하기 때문이다. 그렇다면 우리는 다시 칼을 가는 마음으로 속회라는 용어를 창조적으로 활용하여 브랜드화 할 필요가 있다고 본다. "당신은 어디에 속했나요?"라는 질문을 하면 은사속회를 소개하기 쉽다. 속회 이름을 특성화하여 가정속회 혹은 포도나무속회 등등 이름을 활용한다. 속회는 이미 교회 안에 들어와 있는 교인들을 중심으로 조직하기 때문에 대화의 문을 열어주는 중요한 열쇠가 되기도 한다. "속회가 무엇인지 들어보셨나요? 신앙의 속을 보고 싶은가요?" 등 속회의 다양한 질문과 소개할 수 있는 내용을 만들어 홍보함으로써 다시 한 번 한국감리교회의 속회 부흥을 열어갈 수 있기를 기대한다.

(3) 속회가 교회성장에 미치는 영향

존 웨슬리는 속회를 운영하는 목적을 교회성장에 두지는 않았다. 구원받은 신도를 어떻게 하면 성화를 이루어 구원의 완성을 향한 여정으로 인도하는가에 있었다. 그래서 웨슬리 소그룹의 조직적인 특성을 보면 성화를 향한 강한 의지가 담겨 있고 성화로 이끌고자 하는 의도가 분명히 나타난다. 신도회(Society)에서 속회(Class meeting)로, 성화의 특성이 나타나는 이들을 선발하여 밴드(Band)로, 더욱 성숙한 성화를 이룬 이들은 선발밴드(Select Band)로 단계를 두어 훈련시켰고, 신앙적으로 실패한 이들이나 불성실한 이들은 참회자반(Penitents)으로 보내 다시 교육을 시키고 서약을 받은 후 속회에 편입시키는 방법으로 운영한 것이다. 오늘날에는 상상하기 힘든 철저한 돌봄과 권징을 겸한 운영방법이었다. 그렇다면 이것이 교회성장과 어떤 관계성을 가지고 있는가? 웨슬리 속회나 웨슬리 methodism에서 추구하는 것이 성화를 목적으로 한다고 해서 수도원적인 폐쇄된 성화훈련원이 아니라는 점이다. 어떤 이들은 오해하여 웨슬리의 성화를 웨슬리적 영성훈련원을 만들어 훈련하는 것이 웨슬리의 신학을 제대로 표현해 내는 것이라고 생각하는 경우가 있는데 웨슬리는 수도원을 만들 생각이 없었다. 웨슬리의 신학적인 정신은 생활 속에 실천적으로 성화를 실현함으로 복음화를 이루어가는 것이었다. 그러므로 비록 속회 조직 자체가 부흥이나 성장에 목적을 두지 않았다고 하더라도 개인의 성화가 가져오는 결과는 복음을 증거하며 선행을 실천하는 것으로 나타나야 하고 사회적 성화의 주체가 되는 것이기 때문에 자연히 성장과 부흥은 추구하는 방향에서 만나게 되는 또 다른 얼굴일 수밖에 없는 것이다. 무엇이든지 생명이 있는 것은 자라게 되어 있다. 그것은 건강한 것을 전제하는 것이다. 21세기 교회성장의 이슈는 성장이 아니라 건강이었다. 건강한 교회는 성장한다는 이론이다.

(4) 교회 안의 작은 교회로서의 속회

폴링(J. N. Polling)은 "교회는 하나님과의 지속적인 관계 안에서 그 삶을 해석해 가는 공동체"라고 기술하면서 "신학적인 해석이 없는 신앙공동체는 생명력(Vitality)과 비전(Vision)을 상실하며, 공동체가 없는 신학은 그 현장(Locus)과 힘을 상실한다."[1]고 언급하였다. 그의 이 정의는 '교회 안의 작은 교회(ecclesiolae in ecclesia)'를 주창한 야곱 스패너의 '참신자들로 구성된 작은 교회'에 대한 정확한 해석이라고 보며 또한 웨슬리가 시작한 속회(Class Meeting)에 대한 가장 적절한 정의라고 생각한다. 사도 바울이 에베소서 1장 23절에서 "교회는 그의 몸이니 만물 안에서 만물을 충만하게 하시는 이의 충만함이니라"고 한 것같이 교회를 단순한 조직이 아니라 살아 있는 유기체로서 그리스도의 몸으로 이해한 것은 폴링이 표현한 "하

---

1) 이재완, 요한 웨슬리와 선교, 한들출판사, p.98

나님과의 지속적인 관계"를 가능하게 하는 의미를 말하는 것이다. 이것은 대단히 신비적이며 인격적인 의미를 부여하는 것이다. 누구와 지속적인 관계를 갖는다는 것은 그의 정신과 영성을 전이(imputation)받을 수 있는 통로가 된다. 하나님과의 지속적인 관계 안에서 나의 삶을 해석하는 것은 내 삶에 생명력(Vitality)과 비전(Vision)을 풍성하게 함으로 존재의미와 삶의 목적을 분명하게 할 수 있는 것이고 이 또한 정확한 이해를 갖고 있다는 뜻이다. 웨슬리는 속회를 단순한 교회조직의 일부로 본 것이 아니라 성화(Sanctification)를 이루어갈 수 있는 공동체로 보았다. 이 공동체는 지속적인 관계의 영역을 두 가지 방향에서 요구하였는데 하나는 하나님과의 지속적인 관계 안에서 자기를 성찰하는 것이고(inward journey) 둘째는 공동체 안에서 간증과 직고(accountability)를 통해 자기들의 삶을 해석할 줄 앎으로 작은 교회로서의 생명력과 성화를 이루어가는 목적을 지향한 것이다. 사도 바울이 교회를 그리스도의 몸으로 해석하면서 그 궁극적인 목표를 그리스도 안에서 통일되게 하는 것이었다면 웨슬리가 추구하는 작은 교회의 목표 또한 그리스도의 장성한 분량에 이르는 그리스도인의 완전한 성화(Christian perfection)를 목표함으로 우주적 교회의 완성을 이루는 것이었다. 그래서 웨슬리는 실제의 조직에 있어서 개교회주의를 인정하지 않고 연대주의(Connecxionalism)를 통한 하나 된 감리교를 고집한 것이다. 오늘날 교회들의 가장 큰 문제는 하나님과의 지속적인 관계를 실현하는 부분이 너무 고착되어 있다는 것이다. 마치 고목이 되어가는 것과 같이 지속적인 생명력을 불어넣지 못함으로 종교인으로 전락하는 것이다. 날마다 주님과 동행하는 삶을 살아간다면 생명력과 비전의 실현능력이 굉장한 영향력으로 나타날 것이다. 하나님과 지속적인 관계를 유지하는 것은 웨슬리가 마지막 유언으로 남겼던 말 속에서도 확인된다. "모든 것 중 최선은 하나님께서 우리와 함께하시는 것이다(the best of all is God is with us)"라는 말이다.

하나님과 지속적인 관계를 통하여 하나님의 풍성한 은혜와 자신을 발견한 삶을 공동체 안에서 해석함으로 개인주의를 극복하고 공동체로 부르시는 하나님의 뜻을 실현하는 것이 교회다. 개인의 경험이나 소유를 공동체 안에서 해석한다는 것은 인간은 관계 속에서 존재한다는 의미를 내포하는 것이며 이것은 작은 교회를 가능하게 하는 DNA 가 인간에게 본능적으로 존재한다는 뜻이다.

또 다른 문제는 개인적으로 하나님과 지속적인 관계 안에서 신앙생활을 하면서도 공동체 안에 자기를 열지 못함으로 공동체의 기능이 활력을 갖지 못하고 힘을 얻지 못하는 것이다. 웨슬리가 교회 안의 작은 교회인 속회를 진정한 교회라고 본 것은 서로의 경험을 나누는 것과 더불어 상호 영적책임감을 가지고 서로 돌보는 삶을 통하여 성화를 이루는 가장 좋은 방편이었기 때문이다. 그러므로 속회는 교회론적인 입장에서도 가장 적절하고 최선의 조직임을 인정하고 속회 살리기 운동에 적극적으로 참여하여 건강한 교회로 나가야 할 것이다.

2) 설교

담임자의 설교는 가장 강력한 무기다. 소그룹에 대한 것과 교회론적인 차원에서 웨슬리가 말한 "교회 안의 작은 교회인 속회가 진정한 교회다"라는 것에 대하여 다양한 설교를 해야 한다. 그리고 돌봄의 사역이 왜 중요한지에 대해서도 설교해야 한다. 그래서 모든 성도의 공감대를 이끌어내야 문제가 없을 것이다. 새벽에도, 낮에도 집중적으로 설교해야 한다.

(1) 소그룹의 원리에 대하여

　① 하나님의 존재방식과 소그룹(창 1:26~28)

　　ㄱ. 공동체의 최소 단위는 3이다.

ㄴ. 하나님은 삼위일체적으로 존재하신다.

ㄷ. 소그룹은 가장 강력한 조직이다.

② 더불어 살아야 할 인간(창 2:18~25)

    ㄱ. 인간은 홀로 살 수 없는 사회적 존재다.

    ㄴ. 인간의 DNA 속에는 관계 DNA 가 있다.

    ㄷ. 인간은 하나님의 형상대로 지음 받은 삼위일체적인 존재다.

③ 협력함으로 얻는 축복(창 11:1~9)

    ㄱ. 협력의 능력은 언어의 통일이다.

    ㄴ. 협력의 능력은 시너지 효과다.

      (예: 기러기들의 협력정신 / 2차 대전의 편대 비행)

    ㄷ. 협력은 성공의 축복이다.

(2) 속회의 중요성에 대한 설교

① 교회 안의 작은 교회(행 2:43~47)

② 목양을 위임하라(출 18:13~27)

③ 서로를 위한 공동체(약 5:13~18)

④ 주님의 몸을 세우기 위하여(엡 4:11~12)

⑤ 속회는 바벨탑이 아니다(창 11:1~9)

⑥ 목자는 인도자다(창 13:14~18)

⑦ 독불장군은 외롭다(출 2:11~15)

⑧ 삼겹줄 기도의 능력과 속회(출 17:8~16)

⑨ 은사속회와 교회성장(출 31:1~11)

⑩ 속장은 누가 해야 하나?(신 1:9~18)

⑪ 돕는 자가 없는 자의 불행(삼상 31:1~6)

⑫ 사탄은 홀로 있는 자를 노린다(삼하 11:1~5)

⑬ 거룩한 속회의 기적(단 1:8~16)

⑭ 풀무불의 기적(단 3:19~30)

⑮ 공동체(속회)에 주시는 약속(마 18:18~20)

(3) 돌봄 사역의 중요성에 대한 설교

① 돌보시는 하나님의 사랑(창 1:1~5)

② 돕는 배필이 되라(창 2:18)

③ 돌보는 이 없는 땅의 비극(창 2:4~6)

④ 내가 내 동생을 돌보는 자입니까?(창 4:9~12)

⑤ 돌봄의 사역은 생명의 방주다(창 6:13~22)

⑥ 중보 기도와 돌봄 사역(창 18:16~21)

⑦ 돌봄에 실패한 롯(창 19:12~22)

⑧ 돌봄의 목표는 성화다(창 25:27~34)

⑨ 십일조와 돌보시는 손길(신 14:22~29)

⑩ 너를 돌봄으로 얻는 축복(룻 1:15~18)

⑪ 돌보지 않음으로 인한 비극(삼상 2:22~26)

⑫ 당신의 물맷돌은 준비되었나?(삼상 17:41~49)

⑬ 진정한 돌봄의 모델(삼상 20:17~23)

⑭ 아둘람의 돌봄 사역(삼상 22:1~2)

⑮ 돌보는 자의 축복(삼하 9:1~8)

⑯ 지나가는 기회를 축복으로 만든 여인(왕하 4:8~16)

⑰ 자신을 돌봄으로 사명자가 되라(느 2:1~10)

이 외에 ┌ 목표에 대하여 ┐
       ├ 비전에 대하여 ┤ 설교로 토양작업을 해야 한다.
       └ 상황에 따라 ┘

3) 외부 강사를 통한 토양작업

전문 강사나 속회가 잘되고 있는 교회 속장들의 간증이 도움이 될 수 있다. 똑같은 말을 들어도 외부 강사를 통하여 들으면 더 신뢰를 갖게 된다. 그러므로 마음을 열고 많은 간증이나 외부 강사를 활용하는 것도 좋다. 강사 선정이나 초청 문의는 속회연구원(CMI)에 연락하면 된다.

4) 영상 활용하기

영상은 매우 큰 공감을 불러일으킬 수 있는 매체다. 간혹 영상 기기들은 잘 준비되어 있지만 활용하는 것은 너무 제한적이거나 혹은 잘못된 선입견을 가지고 있어서 잘 활용하지 못하는 교회가 있다. 혹자의 잘못된 견해로 인하여 영상이 가지고 있는 긍정적인 것들을 부정적으로 비판하기 때문에 인간의 감성 영역을 통하여 일하시는 성령님의 역사를 제한하는 경우가 많다. 지금은 미디어가 극도로 발전한 시대이기 때문에 비주얼 미디어의 활용을 소홀히 하면 안 된다. 모든 성도가 영상에 얼마나 친숙한가? 그런데 교회는 영성에 문제가 있는 것 같다며 터부시하는 경향이 있다. 물론 침묵이나 마음의 스크린에 잘못 비추어졌을 때 오해하는 염려가 있을 수 있지만 성령의 역사는 모든 영역에서 일하시는 분임을 간과해서는 안 된다. 제한적인 지면이므로 지엽적인 것은 절제하고 긍정적인 영상을 효과적으로 활용하시기를 권한다.

5) 교회 유형에 따른 접근방법

(1) 기존 교회에 새로 부임하여 시도하려는 경우

전임자의 사역을 절대 평가하지 마라. 이것은 불문율과 같다. 아무리 목회를 죽 쑤고 사임했다고 해도 어떤 이들은 좋아하기 마련이다. 그러므로 전임 목회자의 사역을 평가해서는 안 된다.

우선 친해져라. 교인들이 머리로 이해하는 것뿐만 아니라 가슴으로 받아들일 때까지 기다려야 한다. 신임 목회자가 왔다고 기대하는 그룹만 있는 것이 아니라 싫어하는 교인도 있다. 전임 목회자와 친한 이들이 많으면 많을수록 저항력이 크게 나타난다.

톨스토이가 말한 대로 "사람들은 변화를 말하면서도 자신들은 변하려 하지 않는다"는 말이 맞기 때문이다. 이러한 교회의 경우는 로렌스 패리스가 쓴 책 "목회 10계명"(생명의말씀사, 2006)이 많은 도움이 될 것이다. 나도 전통적인 교회에 부임하여 변화를 위한 다양한 노력을 했지만 많은 대가를 지불하며 배운 바가 있는데 '목회 10계명'의 내용이 매우 공감되기에 소개하고자 한다.

10계명의 제목들만 보면 다음과 같다.

① 교회의 형성 배경을 알라

② 필요한 변혁만 시도하라

③ 설교에 목숨을 걸라

④ 교회 재정을 투명하게 관리하라

⑤ 비현실적인 기대에서 자유로워라

⑥ 자기관리에 충실하라

⑦ 이 사람들을 주의하라

⑧ 교회 밖의 활동을 제한하라

⑨ 목사의 역할을 분명히 알라

⑩ 분별하고 집중하라

이 책의 특징은 기존 교회에 새로 부임한 신임 목회자의 시각으로 목회를 바라본다는 데 있다. 평범하게 보일 수 있는 목회 원칙들이 새롭게 시작되는 목회 속에서 어떻게 적용되는지 그 현장을 말하고 있다. 따라서 목회를 새롭게 했거나 준비하고 있는 이에게는 목회의 철학이나 원칙들을 세울 수 있고 이미 목회를 하고 있는 이에게는 자신의 목회를 새롭게 되돌아볼 수 있는 기회가 될 수 있을 것으로 보인다.

실례를 들어보자. 첫 번째 계명인 '교회의 형성 배경을 알라'는 교회의 기원이나 중요성 등의 일반적인 이론을 언급하는 것이 아니라 부임하게 되는 교회의 환경을 파악하라는 내용이다. 로렌스 목사는 "목회자들은 새로 주어진 목회 환경에서 충실하고 효율적으로 사역하기 전에, 그 환경의 가치 있고 복잡한 요소들을 먼저 알아보아야 한다"고 권면하고 있다.

또한 신임 목회자가 성도들에 대해서 별로 아는 바 없이 성도들의 삶을 너무 많이, 너무 빠르게 변화시키려고 한 것이 결국 목회의 실패 원인 중 하나임을 지적하며 교회에 꼭 필요하고 덕을 세우는 변혁만을 시도하라고 말하고 있다. 이것이 두 번째 계명이다. 신임 목사는 새 목회지에서 자신 있게 추진할 수 있는 '블루칩', 즉 몇 가지 탁월한 계획들을 한꺼번에 사용하지 말라고 한다. 오히려 블루칩은 꼭 필요한 변화를 위해서만 사용해야 한다고 권면한다. 목사가 원하는 변화가 아무리 신앙적으로 견고해도 성도들의 의사를 무시한 채 목사만의 의지로 그 블루칩이 낭비되어서는 안 된다는 말이다. 그 블루칩은 성도를 위해 주어진 것이지 목사 자신을 위해서 주어진 것이 아님을 명심해야 한다는 것이다. 한 가지 덧붙인다면 목사는 이미 시행된 변혁이 마무리될 때까지 새로운 변화를 시도하거나 성도들에게 알리는 일은 삼가야 한다고 강조한다. 한 가지 변화가 뿌리를 내려 삶의 일부가 되기까지 시간이 필요하기 때문이라는 것이다.

세 번째 계명대로 설교의 중요성은 아무리 강조해도 지나치지 않을 것이다. 여느 목회자와 마찬가지로 로렌스 목사도 '목숨을 걸어야 한다'고 언급하고 있다. 성도들 입장에서 그들이 설교와 예배를 통해서 은혜를 받지 못하면 그 목사가 잘할 수 있는 일이 도대체 무엇인지 의구심을 갖기 시작한다는 것이다. 물론 성도 중심으로 설교가 흘러가서는 안 되지만 설교의 방향이 성도를 향해서임을 잊어서는 안 된다는 의미다.

네 번째 계명은 교회 재정에 관한 내용이다. 로렌스 목사는 목사가 성도들의 헌금 액수를 알아야 하는가에 대해서 '그렇지 않다'고 명쾌하게 답을 내리고 있다. 그는 친구 목사의 예를 들었다. 평소 자신과 교회에 불평을 가장 많이 해 왔던 한 성도의 헌금 내역을 본 후 그 친구 목사는 전과 같이 그 성도를 대하기 힘들어졌다고 고백했다는 것이다. 따라서 신임 목사는 자신의 헌금 액수 외에는 다른 성도의 헌금 액수를 알고 싶지 않고, 알려고 하지도 않겠다고 성도들에게 확인해 주어야 목사가 교회에서 별 탈 없이 일할 수 있다는 것이다.

전임 목사의 부수입 문제는 어떻게 처리해야 할까? 결혼식이나 장례식 주례 그리고 특별 집회나 신학교 강의 등을 통해서 얻게 되는 수입을 말한다. 자신의 개인 수입으로 처리해야 하는가, 아니면 교회에 헌금을 해야 하는가? 미국 사회나 한국 사회나 이 부분은 민감한 문제임이 틀림없다. 로렌스 목사는 이에 대해 좋은 아이디어를 냈다. 그 수입을 '목사 판공비'라는 이름으로 한 구좌에 넣고 교회에 사용처는 알리지만 목사가 임의로 쓸 수 있게 하는 방식이다.

로렌스 목사는 계속해서 성도들에게 호감을 사려고 노력하는 일 자체를 비현실적인 기대라며 그 생각에서 벗어나라고 경고하고 있다. 호감을 위해 목사 혼자서 모든 일을 계획하고 주도하고 처리하는 태도는 오히려 성도들에게 하나님이 주신 은사를 제대로 사용치 못하게 하며 사역 의지도 잃게 하는 결과를 낳는다는 것이다. 이것이 다섯 번째 계명이다. 또한 목사 자신의 체력, 가정생활, 친구 관계 등 개인 관리를 잘해야 하는 것이 여섯 번째 계명이다.

목회를 힘들게 하는 성도들은 누구일까? 신임 목사는 누구를 조심해야 할까? 조심해야 할 사람들을 파악하는 것이 일곱 번째 계명이다. 세 부류의 사람이 있다. 항상 자신의 문제를 설명하느라 입이 바쁜 수다쟁이, 매사에 투덜대는 불평꾼, 혼자 모든 일을 주장하려는 일 중독자가 그들이다. 새로 부임한 목사에게 제일 처음 상담하러 온 중에 수다쟁이가 포함되어 있다. 그는 문제 해결보다는 그 문제에 대해 말하는 것 자체를 즐기는 사람이다. 불평꾼은 대체로 교회에서 자신이 소외되었다고 생각하기 때문이다. 소속감을 갖게 해주는 것이 중요하다. 교회의 모든 일에 다 관여하고 싶은 일 중독자에게는 책임감을 갖고 할 수 있는 새로운 일을 맡기는 것이 중요하다.

로렌스 목사는 병상의 성도를 위해 특별히 관심을 가질 것을 권유하고 있다. 특히 성찬이 있을 때는 그 주간에 성도를 찾아가 성찬에 참여할 수 있게 해야 함을 강조했다. 목사가 병자를 여러모로 돌보아 주는 것을 목격한 성도들은 자신이 병으로 누워 있게 될 경우 목사가 자신도 그렇게 잘 돌봐 줄 것이라고 크게 신뢰하게 된다는 것이다.

내가 겪었던 어려움 중 하나는 전임 목사가 초상이 났을 경우 외국에 나가려고 공항에 갔다가도 되돌아오는 정성을 기울여서 교인들의 의식 가운데는 초상이 나면 무엇보다 아무것도 하지 않고 전념해야 한다는 인식을 가지고 있었다. 그것을 알지 못하고 내가 생각하고 있던 합리적인 목회원칙을 가지고 일을 처리했다가 2년 가까이 어려움을 당한 일이 있다.

초신자였던 그 집사는 이미 암에 걸려서 우리 교회에 왔다는 것을 알았고 내가 부임하여 그분을 보았을 때 이미 암 말기여서 소망이 없었다. 그래도 정기적으로 심방하고 기도해 주면서 돌보고 있었는데 다음해 목회계획을 세우기 위해 장소를 다 예약하고 출발하려는 아침에 갑자기 소천 소식을 듣고 임종예배를 드린 후 오전에 갔다가 점심식사 후 돌아와서 오후 4시에 입관하는 것으로 하고 시간을 안배하여 갔다 왔다. 그런데 그 문제를 끝까지 걸고넘어지는 이들이 있었고, 그들에겐 상황 설명이 되지 않았다.

목사가 꼭 기억해야 할 몇 가지가 있다. 교회 밖의 일에 쓰는 시간을 줄여야 한다는 것이다. 그 시간은 교회 성도들을 위해 써야 하는 시간이기 때문이다. 교회 밖의 일은 대부분 목사에게 몰려오는 기회가 아니라 오히려 유혹임을 명심해야 한다. 또한 목사는 바른 신학에 집중해서 교회를 지도하고 각 성도의 은사를 개발해서 교회에 봉사하도록 하는 것이 주된 역할임을 잊어서는 안 된다. 온전한 목사의 시간을 바른 신학의 정립과 가르침 그리고 그것으로 성도를 향해 달려가는 데 사용해야 한다는 것이다. 또한 성(性) 문제에 분명한 선을 그어야 한다. 뿐만 아니라 영적 간음이 될 수 있는 세상적인 명예에 대해서도 단호한 입장을 취해야 한다. 이것이 여덟, 아홉, 열 번째의 계명들이다.

신임 목사를 향한 로렌스 목사의 마지막 권면은 '멘토를 만나라'는 것이다. 생각대로 되지 않거나 어려움을 만날 때마다 찾아오는 '자기 연민(self-pity)'이라는 감정에서 벗어나기 위해서는 절대적으로 자신을 사랑해 주고 권면해 줄 수 있는 멘토가 필요하다는 것이다. 없으면 찾아내야 하는 적극성도 가져야 한다. 왜냐하면 예수님도 '홀로' 사역하지 않고 함께 나눌 사람을 찾았기 때문이다.

내가 이 내용을 자세히 소개하는 이유는 매우 정확한 지적이며 본인이 현재 교회에 부임한 후 작든 크든 겪었던 문제였기 때문이다. 오늘날 성도들의 교회문화가 달라지고 있는 것 같다. 예전처럼 꿩 잡는 것이 매다 하는 식의 목회나 오직 심방목회로 밀어붙이는 시대는 분명 아니다. 신인류의 탄생같이 새로운 교인들이 탄생한 것 같다. 그러므로 신임 목사는 부임한 교회의 상황을 너무 빨리 변화시키거나 변화를 이끌려고 해서는 안 된다.

초보운전자 시절을 기억해 보라. 마음은 잘할 것 같은데 고속도로에 나가면 속도와 내 능력의 관계가 어떻게 나타나는지 금방 알게 된다. 내 운전 실력의 용량보다 속도가 올라가면 버벅대기 마련이다. 실력의 용량과 속도가 비례하는 것이다. 새로운 목회자가 부임하면 기대 수치와 새로움이라는 용량과 기존 성도들이 가지고 있던 용량에 차이가 난다. 거기에 그동안 익숙해진 교회생활이 편안하기 때문에 새로운 변화를 좇아가는 것이 쉽지 않다. 그 과정에서 순종하는 것보다 말이 많은 사람들이나 부정적인 부류들은 은근히 버팅기고 불만하고 비협조적으로 나오게 된다.

교회의 평신도 지도자는 장로 그룹이다. 오늘날 목사와 장로는 평행선상을 달리는 관계가 되고 말았지만 장로의 리더십을 인정하고 그들의 협조를 구하지 않으면 안 된다. 그러므로 장로 그룹을 앞장세우기 위해 충분한 대화와 이해를 구하는 노력을 해야 한다.

또 한 가지 방법은 모델속을 만들어 입소문을 내게 하는 것이다. 이것은 가장 효과적인 방법 중 하나이기도 하다. 교인들의 선입견은 순종하는 것 같으면서도 아닌 것들이 많다. 신임 목회자일 경우 그 편차는 매우 크다고 할 수 있다. 교인들의 신앙 십계명은 이미 전임 목회자에 의해 만들어져 있다고 보아야 한다. 우리의 목회가 매뉴얼화 되어 있다면 모르거니와 모든 목회자가 자기들만의 노하우를 가지고 목회하기 때문에 목회자가 바뀔 때마다 어려움을 겪는 것은 평신도들이다. 평신도들의 신앙 여정 속에 그동안 자리 잡고 있던 룰들이 신임 목회자에 의해 달라지는 것들이 많고 어떤 것들은 이해가 잘 안 되는 부분이 있기 때문에 갈등하는 것들이 있기 마련이다.

더구나 속회는 이미 관리 속회로 매뉴얼화 되어 있기 때문에 조직을 바꾸거나 방법을 바꾸면 잘 이해하려고 하지 않는다. 그러므로 모델속회를 만들어 전보다 좋다는 결과를 가지고 입소문내는 방법밖에는 없다. 그렇지 않으면 많은 저항에 부딪치고 협력을 얻어내기 어렵다.

(2) 기존(전통) 교회의 경우

어떤 의미에서 신임 목회자의 경우보다 더 어려운 것이 오랫동안 목회를 다져왔던 전통적인 교회의 목회자일 것이다. 습관으로 이미 길들여진 상황에서 새롭게 시도한다는 것은 귀찮은 일이며 전통적인 교회일수록 강하기 때문이다. 그럼에도 불구하고 변화의 드라이브를 걸고 싶다면 이렇게 해야 한다.

첫째, 물갈이의 원리다. 깊은 산 속 옹달샘을 청소한 후 물이 깨끗하게 하려면 다 퍼내는 것이 아니다. 청소를 한 후 새로운 물을 계속 흘러 들어가게 하면 물갈이가 된다. 마찬가지로 전통적인 교회의 물갈이는 두 가지다. 영적인 물갈이는 설교를 통하여 새로운 가치를 계속 공급해야 한다. 그러면 성도들의 의식 속에 새로운 물이 들어가기 시작하고 의식의 변화가 서서히 일어나기 시작한다. 둘째는 새로운 식구들이 50%를 넘어서야 한다. 이것은 교회의 부흥과 함께 가능한 일이다.

전통적인 교회에서 장로그룹은 상당한 영향력을 가질 수밖에 없다. 스스로의 우월감을 가지고 내 교회를 지킨다는 의식을 가지고 있는 이들은 새로운 것을 도입할 때 우려하는 마음도 갖게 된다. 그러므로 컨설팅을 통한 정확한 자료와 이렇게 바뀌었을 때의 결과 그리고 그렇게 운영되고 있는 교회 등을 소개함으로 불안감을 해소시켜 주어야 한다. 그리고 주의할 것은 절대 장로그룹보다 먼저 일반 성도들에게 알린다거나 혹은 똑같이 대우해서는 안 된다는 것이다. 우선 장로그룹에게만 설명하고 이해를 구한 후 소개하는 방법이 있고, 아니면 장로들을 앞세워 설명하고 우리가 협조해 드려야 하지 않겠는가를 말하도록 하는 것이 교인들에게 안심을 주는 것이다. 교인들은 언제나 목회자와 장로는 협력관계여야 하고 함께해야 한다는 의식을 가지고 있기 때문이다.

전문강사와 간증자들을 통해 속회의 변화가 중요함을 인식시켜라. 혹은 그러한 교회를 같이 방문하여 눈으로 보게 하라. 또한 모델속을 만들어 운용한 후 간증시키고 설득하는 것이 효과적이다. 분위기가 성숙되면 돌봄의 속회로 전환하는 일을 시작하라.

(3) 많은 소그룹을 해 보았던 교회

이런 경우는 전문강사의 도움이 절대적으로 필요하다. 이미 교인들은 담임목사에 대해 신뢰하지 않는다. 이번 것도 다른 경우와 같이 얼마나 갈까 하면서 시큰둥할 것이다. 그러므로 전문강사를 통하여 신뢰할 수 있도록 전문적인 비교분석과 신학적인 것과 실천적인 차이에 대한 것을 듣고 설득해야 한다. 이 경우는 학문적으로만 접근하면 안 된다. 반드시 목회현장의 풍부한 경험과 실적이 있어야 한다.

(4) 개척교회(전 이해가 없는 교회)

가장 수월한 경우다. 매뉴얼대로 시작하면 된다.

▶ 변화를 위한 전략에 대하여 참고할 사항

1. 변화를 거부하는 이유
   1) 변화의 주체가 내가 아니라는 것 때문이다. 변화의 주체가 누구냐에 따라 자세를 달리한다. 처음에는 우리가 습관을 형성하지만 나중에는 습관이 우리를 만든다.
   2) 미지의 세계에 대한 불안감에 사로잡힌다.
   3) 변화의 목적이 나와는 상관없다.
   4) 실패가 두렵다. "사람이 저지를 수 있는 가장 큰 실수는 실패를 두려워하는 것이다."(앨버트 휴바드)
   5) 변화에 대한 보상이 미흡하다.

6) 현재에 지나치게 안주한다.

7) 생각이 부정적이다.

"변화하지 말라 – 당신이 성장할지 모른다."

8) 지도자에 대한 감정이 좋지 않다.

사람은 변화를 일으키는 사람을 바라보는 태도를 가지고 그 변화를 보게 된다. "당신은 다른 사람을 이끌기 전에 먼저 그들을 사랑해야 한다."

9) 개인의 사소한 비평에 감정이 상한다.

10) 개인적인 손해를 볼 수 있다.

11) 또 다른 헌신을 요구한다.

12) 속 좁은 사람은 변화를 받아들이지 않는다.

13) 관습은 변화를 거부한다.

2. 저항에 대한 대처 방법

1) 교육으로 변화에 대한 이해를 공유한다.

2) 저항할 만한 사람들의 참여를 유도한다.

함께 등산이나 식사를 하면서 자주 변화의 필요성을 말한다.

3) 이끌고 지지해 준다.

4) 활발한 의견 조정으로 동의를 이끌어낸다.

5) 영향력 있는 사람을 위촉하여 긍정적인 역할을 준다.

6) 강제로 저항을 잠재운다.

3. 변화를 위한 토양작업

1) 사람에 대한 신뢰감을 쌓아 간다.

"신뢰는 피지도자와 지도자를 한데 묶어주는 감정적인 접착제이다."

2) 다른 사람에게 변화를 요청하기 전에 당신부터 변해야 한다.

3) 훌륭한 지도자는 조직의 역사를 알고 있다.

"울타리가 세워진 이유를 알기 전에는 그 울타리를 헐지 말라."(체스 터 톤)

4) 영향력 있는 사람이 리더십을 발휘한다.

- 지도자의 두 가지 특성

① 그들은 어디론가 가고 있다.

② 다른 사람이 자신과 함께 가도록 설득할 능력이 있다.

5) 당신 안에 있는 변화를 점검하라.

6) 변화를 시도하기 전에 지지를 부탁한다.

7) 변화를 돕는 안건을 개발하라.

8) 비공식적으로 영향을 끼치게 한다.

9) 변화가 어떤 사람들에게 도움이 되는지 보여 준다.

10) 변화의 주체임을 강조하라.

소유권이 없으면 변화는 단기적인 것이 되고 만다.

4. 홍보전략

　오늘날은 이미지 시대다. 사람을 만나면 첫 인상이 우리 마음의 스크린에 사진처럼 이미지화되기 때문에 첫 인상이 매우 중요하다고 한다. 이제는 교회에서도 이미지에 익숙한 교인들을 위해 홍보에 많은 신경을 써야 한다. 여러분이 속회중심목회를 꿈꾼다면 속회에 대한 홍보를 어떻게 할 것인지 연구해야 한다. 내 교인들이기 때문에 한번 광고하면 되지 다른 무엇이 필요하겠는가 하고 생각한다면 당신은 이미 30%의 흡인력을 잃어버리고 있다. 말로 광고하는 것보다 포스터를 활용하는 것이 효과적이고, 포스터보다 영상을 겸한 홍보가 배로 효과적이다.

　새들백 교회의 릭 워렌 목사는 어떤 주제나 목표를 이미지화하고 홍보하는 일에 뛰어난 목사다. 그 교회를 가보면 왜 홍보가 중요한지 알게 된다. 작은 일이라고 소홀히 하지 말고 우리 교회에 맞는, 내 목회에 맞는 홍보 구호나 성취하고자 하는 내용을 연구하여 교회 곳곳에 붙이고 이미지화하여 홍보하는 일에 정성을 들이면 교인들 역시 결코 소홀히 생각하지 않을 것이다.

1) 많은 사람들의 생각을 하나로 묶을 수 있는 구호나 핵심가치를 교회
   곳곳에 붙인다.
   - 돌봄 없이 생명 없다. 돌봄만이 속회부흥
   - 돌봄의 축복은 부메랑 되어 돌아온다
   - 교회 안의 작은 교회인 속회만이 진정한 교회다
   - 부흥의 파장을 일으키는 성도가 되자
   - No Cross No Crown!
   - 당신의 변화가 부흥의 시작입니다
   - 돌보는 사랑으로 하나 되는 공동체
   - 돌봄, 마음에서 손끝으로
   - 속회는 감리교의 뿌리다
   - 속회는 성화의 모태다
   - 속회가 살아야 목회가 산다
   - 당신을 위해 돌봐줄 공동체는 속회뿐이다

2) 영상을 제작한다.
   중요하다고 생각되는 사안은 교인 가운데 몇 명을 선발하여 연출하도
록 하라.
   잘 못해도 인정해 주고 보여 주면 잘하지 못하는 것일수록 사람의 마음
에 깊은 인상을 준다.

5. 속장 선발하기

　속장을 선발하기 전에 담임목사는 분명한 방향을 설정해야 한다. 지금까지 대부분의 교회에서 인도자 속장을 세웠던 것은 관리 속회의 전형으로 속회의 본질에서 벗어난 것이다. 이렇게 해서는 결코 건강하게 성장하는 속회가 될 수 없으므로 우리는 웨슬리의 방법대로 속장과 부속장 체제로 가겠다는 것을 확실히 해야 한다.

　속장은 목회파트너십을 가져야 하기 때문에 중요하다(박용호, 「존 웨슬리의 속회론」 참고). 이드로가 모세에게 권면하여 천부장과 백부장과 오십부장과 십부장을 세웠던 것처럼 출애굽기 18장 21절의 "능력과 덕을 갖춘 사람, 곧 하나님을 두려워하며, 참되어서 거짓이 없으며, 부정직한 소득을 싫어하는 사람을 뽑아서"라는 말씀을 속장을 세우는 성서적인 근거로 삼아 다음과 같은 사람을 속장으로 세워야 한다.

1) 잘 들어주는 기술(눈과 귀와 마음으로)이 있는 사람이어야 한다.

속장의 가장 중요한 역할은 맡겨진 속회원들을 잘 돌보는 것이다. 돌봄의 가장 기본은 속회원들과의 관계에서 그들의 말을 잘 듣고 그들의 필요를 해결해 주는 것이다. 속장이 속회원의 말을 잘 들어준다는 것은 그저 말을 들어준다는 것이 아니다. 깊은 청취가 필요한데, 그러기 위해서 속장에게는 제3의 귀가 필요하다. 이것은 분위기, 마음가짐, 얼굴 표정으로 전달되는 미묘한 메시지와 언어 뒤에 있는 감정을 지각하는 것을 의미한다. 만약에 속장이 속회원의 이야기를 듣고 난 후 이 사람은 좀 더 깊은 돌봄이 필요하다고 생각된다면, 구역장이나 교구 간사, 목사에게로 가서 돌봄을 요청하는 것이 중요하기 때문이다. 자신이 모든 것을 다 해결하려고 하는 것은 어리석은 일이다.

2) 배우고자 하는 열망(성장하고자 하는 열망)이 있는 사람이어야 한다.

속장은 스스로 겸손하여, 자신의 부족함을 더욱더 채우고자 하는 열망이 있어야 한다. 웨슬리는 목회자들에게 늘 교훈하기를 "목사가 배우기를 싫어한다면 목회를 그만두어야 한다"고 하였다. 속장은 교회 안의 작은 교회인 속회의 목자다. 속장은 배우고자 하는 열망이 있어야 한다. 배우고자 할 때 속장교육이나 세미나에 잘 참석할 수 있기 때문에 특히 이 부분을 강조하고 이끌어야 한다.

3) 스스로 자신을 통제할 줄 아는 사람이어야 한다.

만약 속장이 스스로 자신의 감정과 시간을 통제할 수 없으면 다른 사람을 돌보기가 어렵다. 대부분 속장들이 제대로 일을 하지 못하는 것은 시간관리와 감정의 문제에서 기인한다. 자신의 시간을 조금도 희생하려는 마음이 없으면 속회원을 돌볼 시간이 없어서 못한다고 한다. 그러므로 시간과 자신의 감정을 통제하기 위한 훈련을 끊임없이 해야 한다.

4) 행동을 관찰하고 파악하는 능력이 있는 사람이어야 한다.

속회마다 자신의 뜻대로 속회가 운영되기를 원하는 덜 성숙한 사람(성인아이)들이 있다. 속장은 그들을 파악하고, 관리할 수 있어야 한다. 무엇보다 성령의 능력을 의지하여 기도하면서 때론 지도하고, 조언하고, 절제시키고, 돌봐주는 것이 필요한데 이것을 통틀어 돌봄의 사역이라고 한다.

5) 판단하지 않고 비판하지 않을 수 있는 사람이어야 한다.

현대인들은 자신의 얘기를 아무 비판 없이 들어주는 사람을 필요로 한다. 비난 받지 않으면서 자신들의 얘기가 수용된다는 느낌을 받을 수 있어야 한다. 이것은 유모의 영성을 가진 사람이 잘할 수 있다.

6) 자기 자신을 알고 있는 사람이어야 한다.

속장은 자신의 장점, 단점을 알고, 그것을 잘 표현할 수 있어야 한다. 자신의 부족함을 솔직하게 인정하고 고백할 수 있는 용기도 지도자의 리더십이기 때문이다. 속회를 이끌어가면서 속장에게도 어려운 일들이 일어날 수 있다. 이때는 지체 없이 속회원들에게 도움을 요청해야 한다. 도움을 요청하는 것은 속회원들을 이끌어내는 좋은 방법 중 하나다. 어린아이 대하듯 모든 것을 다 돌봐주는 것만이 능사는 아니다. 자녀는 성장하면서 계속적으로 독립을 위한 책임의식과 도전을 통하여 스스로 설 수 있게 해야 한다. 이 과정에서 보면 속장의 부족한 점이 오히려 장점이 될 수 있다. 모든 것이 완벽하면 속회원들에게 위임할 수 있거나 함께할 수 있는 것이 없을 것이기 때문이다.

7) 계속해서 헌신할 수 있는 사람이어야 한다.

속장은 다른 사람을 위해서 자신을 희생하고 헌신하는 것이 필요하다. 헌신이라는 측면을 세 가지 부분으로 나눌 수 있는데 첫째는 주님께 대한 헌신이다. 나를 위해 십자가의 대속과 희생을 아끼지 않으신 주님의 사랑에 무엇으로 보답할 것인가? 많은 성도들이 그저 교회생활 잘하면 그것이 주님에 대한 사랑이라고 믿고 예배에 잘 참석하는 것과 헌금 잘하는 것에 초점을 맞출 뿐 사역에는 전혀 관심이 없다. 사역은 또한 성도들이 가장 힘들어하는 부분이기도 하다. 무엇을 해야 한다는 것, 단순히 피동적으로 순종하는 것은 잘할 수 있는데 능동적으로 무엇인가를 한다는 것은 무조건 힘들어하는 경향이 있다. 주님에 대한 사랑이 표현될 때는 이웃사랑으로 나타나고, 그것은 남을 돌보는 사역이다. 선한 사마리아인의 비유에서처럼 강도 만난 사람을 돌봐주는 것은 위험을 무릅쓴 희생이기에 자기 헌신의 마음이 없으면 할 수 없다. 이것이 두 번째 다른 사람을 위한 헌신의 방법이다. 셋째는 자신을 위한 헌신이다. 내 영혼을 사랑하는 것은 무엇인가? 힘들고 어려워도 자신을 잘 가꾸고 준비해서 더 잘 쓰임 받게 하는 것이 자신을 위한 헌신이다. 이것은 이기적인 것과는 다르다. 나의 존재가 주님의 것이라는 신앙고백이 있을 때 할 수 있기 때문이다. 이런 사람만이 계속적인 헌신이 가능하다.

8) 때로는 단호하게 자신의 의사를 분명히 표현할 수 있는 사람이어야 한다.

속장은 속회원들의 이야기를 충분히 들어주고 그들의 의견을 수용해야 하지만, 때로 잘못된 것을 보았을 때에는 단호하게 지적하는 것이 필요하다. 관찰은 잘하는데 고치는 방법을 모르면 속회원들을 이끌기 어렵다. 엘리 제사장의 문제는 자식들의 잘못을 몰라서가 아니라 단호하게 지적하거나 고쳐 주지 않았기 때문이다. 수산나 웨슬리는 어머니 헌장에서 어머니들의 연약한 사랑이 자녀들을 제대로 훈련시키지 못해 어릴 때 잡아주지 못함으로 자녀들이 영적으로 복을 받지 못하는 것에 대하여 지적하고 있다. 속장은 마음만 착하다고 되는 것이 아니라 그보다 더 멀리 보는 능력이 있어야 한다.

9) 자신의 경험을 이야기할 수 있는 사람이어야 한다.

속회를 인도하며 속회원들과 삶의 이야기를 나눌 때 자신을 먼저 보이는 것은 어쩌면 위험할 수 있다. 속회원들이 그 이야기를 다른 사람에게 전달할 수도 있기 때문이다. 하지만 자신을 열어 보이는 것은 속장에게 있어서 관계를 형성해 나가는 데 대단히 중요하다. 마중물이라는 것은 펌프에서 물이 잘 나오지 않을 때 물을 끌어올리기 위하여 위에서 붓는 물이다. 자신의 경험을 먼저 말하는 것은 마중물과 같은 것으로 속장에게는 매우 중요한 요소다.

10) 관계 형성(친화력)에 열정적인 사람이어야 한다.

세상의 모든 것은 관계라는 고리로 연결되어 있다. 아무리 다른 조건이 좋아도 관계의 영성이 부족하면 스스로 고립되고 공동체를 형성하기 어렵기 때문이다. 공부를 매우 잘하던 사람들 가운데 관계형성을 위한 친화력이 부족하여 사회생활에 어려움을 겪는 사람도 많다. 친화력은 관심과 남을 위한 배려에서 일어나는 것이다. 사람은 작은 관심과 배려에도 감동을 받고 친화력의 감정이 일어나기 때문에 속장이 작은 관심의 표현을 잘하는 경우 그 속회는 관계가 매우 끈끈하게 만들어지는 것을 본다. 그러므로 관계형성을 위한 열정이야말로 좋은 속장의 덕목이라고 할 수 있다.

11) 유머감각이 풍부한 사람이면 더 좋다.

유머가 있는 사람이 훌륭한 지도자가 될 수 있다고 한다. 아무리 무거운 주제도 사람들이 즐겁게 나눌 수 있게 해야 한다. 유머는 타고난 감각이 있어야 하기도 하지만, 훈련과 노력을 통해서도 극복할 수 있다. 어떤 모임이든지 첫 시간은 아이스 브레이크 타임(ice break time)을 가진다. 누구든지 처음 만나면 서먹서먹하기 때문에 얼음을 깨뜨린다는 의미로 유머를 사용하는 것이다. 함께 웃으면 금방 친화력이 생기고 서로에 대한 탐색과 경계의 시간이 줄어든다. 많은 이들이 내게는 유머감각이 없다고 할 것이다. 그러나 엄격하게 말하면 세상 모든 사람에게는 유머감각이 있다. 사람들은 나와 다른 이야기를 들을 때 재미있어 하기 때문이다. 세상에 똑같은 사람은 없으므로 자기의 색깔을 나타낼 때 다른 사람은 재미있어 한다. 예를 들어 무뚝뚝한 경상도 남편을 둔 부인이 자기 남편을 흉보려고 이렇게 말했다. "우리 남편은 참 재미없어. 집에 오면 세 가지 밖에는 말할 줄 몰라, 글쎄. 밥 묵자, 자자, 불 끄라." 이야기를 들은 사람들은 무척이나 재미있어 했을 것이다. 이렇게 유머는 누구나 할 수 있는 자기 생활의 색깔을 표현할 줄 아는 것이다. 하나님은 유머가 풍부한 분이시다. 그러므로 자신이 유머가 부족하다고 생각하면 기도하라. 성령께서는 유머의 능력도 주실 것이다.

12) 영적 훈련이 된 사람이어야 한다.

기도와 말씀으로 속장으로서의 영적 훈련이 어느 정도 된 사람이어야 하며, 계속적인 훈련(속장교육, 세미나)에 참여할 수 있어야 한다. 북수원교회의 경우 속장은 금요일 새벽 기도회에 무조건 참석해야 한다. 차가 없어서 못 나오면 교구담당목사나 전도사가 새벽에 간다. 새벽설교 후 모든 속장을 위해 목양위임안수기도를 한 후 속장 교육을 하는데 전에는 속장들의 편리와 모두를 참석시킨다는 의미로 하루 세 번씩도 했는데 지금은 새벽 한 번만 진행한다. 이렇게 하는 것은 영적 훈련을 위해서다. 외국에 나갔을 경우는 어쩔 수 없지만 국내에 있다면 특별한 경우를 제외하고 반드시 참석해야 한다고 강조한다. 처음에는 온갖 핑계를 대면서 빠지거나 참석하지 않으려고 한다. 그러나 지금은 불문율처럼 되어서 속장하고 싶으면 새벽에 나와야 한다는 것을 알고 순종한다. 새벽에 남편이 일찍 출근하기 때문에 교육은 못 받는다고 하는 둥 여러 가지 이유가 있지만 방법은 얼마든지 있기 때문에 허락해 주지 않으면 한다. 이렇게 되기까지 3년이 걸렸는데, 그 이유는 교회의 흐름이 속회 중심이고 속장을 해야 대접을 받기 때문이다. 그러다 보니 자청해서 속장시켜 달라는 경우도 있고, 속장을 잘못해서 내려놓게 하기 위해 면담을 했는데도 속회원들을 설득하여 그 속장이 안 하면 속회 참석하지 않겠다고 해서 다시 다짐을 받고 지금도 속장을 하는 이가 있다. 가장 중요한 것은 영적 훈련이며 이것은 담임목회자의 지속적인 노력이 필요한 것이다.

13) 담임목사의 방침을 따르는 사람이어야 한다.

속장은 담임목회자와 함께 교회 안의 작은 교회인 속회의 목양을 책임지는 사람이기 때문에 목회파트너십(partnership)의 영성이 있어야 한다. 웨슬리 속회의 초기에 가장 중요한 정신도 속장이 속회원들의 가정을 방문하여 1페니의 헌금과 함께 그들의 형편을 살피면서 그 내용을 보고함으로 웨슬리 목사님의 마음에 성도들의 영적 상황과 생활의 형편을 알면서 돌봄의 사역이 필요함과 목회의 방향을 결정하는 중요한 자료들이 되었다. 담임목회자는 성도들의 깊은 문제를 전부 다 알기 힘들다. 오랜 세월 함께해도 이야기할 수 없는 벽이 있기 때문이다. 그러므로 평신도지도자인 속장의 목회파트너십은 매우 중요한 통로가 된다. 속장이 그런 역할을 잘 해준다면 예수님의 선한 목자의 원리 중에서 '선한 목자는 내 양을 잘 알며'가 실현되는 것이다.

14) 지성적인 능력보다 돌봄의 영성이 있는지 살펴야 한다.

웨슬리의 감리교회가 성공한 것은 옥스퍼드에서 브리스톨로 갔기 때문이다. 감리교신학은 지성적인 자리에만 앉아서 신학적인 논리만 펴는 것이 아니라 실천적(practical)인 삶의 자리인 현장에서 신학과 논리를 풀어낸 삶의 신학이라고 할 수 있다. 초대교회 공동체도 그러했고 초기 감리교 속회도 그러했다. 한국감리교회 역사에서 초기 속회도 그렇게 운영되어 왔는데 성장해 오는 과정에서 변질되어 인도자를 만들고 관리 속회로 전락되면서 삶의 신앙이 아닌 공과 책에 머문 지성적인 속회를 지향하다 보니 이도저도 아닌 꼴이 된 것이다. 속장은 무엇보다 어머니같이 유모같이 아비같이 돌봄의 영성으로 생활신앙을 훈련하고 이끌어줄 수 있어야 한다.

▶ 웨슬리속회에서 속장을 세우는 경우

속장의 역할에 대해 웨슬리는 다음과 같이 말했다. "나는 당신이나 어떤 설교자가 속장이 되는 것을 적극적으로 금하는 바입니다. 오히려 각 속에서 가장 보잘 것 없는 사람을 그 속의 속장으로 세우십시오." 왜 웨슬리는 속장의 중요성을 강조하면서 속장의 역할을 과소평가하는 것 같은 인상을 주는가? 그 의도는 분명하다. 속장은 강력한 지도력을 필요로 하는 것이 아니라 돌보는 것이며 서로 섬기는 생활을 통하여 성화를 지향하기 때문이다. 만일 속장을 계급으로 인식한다면 능력 있는 사람이 해야 할 것이고 그 결과는 분열이나 쇠퇴를 초래할 것이다.

예를 들어 지금 당신의 교인 중에 누구를 속장으로 세울 것인가의 문제는 속회에 대한 혹은 속장에 대한 목회자의 인식을 반영하는 것이다. 한 사람은 성경을 잘 알고 가르치는 능력이 있고 실력 있는 권사 혹은 고참 집사다. 그러나 그에게는 남을 배려하고 돌보려는 마음이 부족하고 시간이 없다. 다른 사람은 집사 중에서도 신참이고 여러모로 부족한 점이 많다. 그러나 이 사람은 책임의식이 강하고 남을 돌보려는 봉사와 섬김의 정신이 강하다. 이 둘 중에 누구를 속장으로 임명하겠는가? 이것은 실제적인 문제다. 상상해 보라. 그리고 선택해 보라. 그동안 관리 속회에서는 볼 것 없이 전자를 선택하여 속회를 맡겼다. 아니면 인도자나 강사로 임명하고 속장을 붙여 주었다. 그 결과 속회는 성장하거나 마음 뜨거운 교제가 일어나는 장소가 아니라 뜨거운 감자같이 어쩔 수 없이 드리는 속회가 되었고 유일하게 기다려지는 것은 '먹회'(먹을 때만 즐거운 것)였고, 그것도 부담스럽다는 이유로 서서히 죽어간 것이다. 어느 공동체든지 그렇지만 속회에서 가장 중요한 것은 지도자인 속장이며 속장의 부류에 따라서 성장과 쇠퇴가 결정된다.

6. 부속장 세우기

부속장은 인턴과 같은 위치이다. 속장을 잘 보필하고 속장을 통하여 잘 배워서 그 속회가 부흥하여 분속하게 될 때는 부속장이 기존 속회를 맡아 속장이 되며, 기존 속장은 새로운 속을 맡아 나가게 된다. 그러므로 부속 장은 속장에 준하여 영성을 가지고 있는 사람을 선발해야 한다.

1) 부속장은 속장이 추천하여 세운다.
2) 부속장은 철저한 인턴십의 정신을 갖도록 교육한다.
3) 부속장은 속장을 잘 따를 수 있는 사람이어야 한다.
4) 무엇보다 배우려는 열심과 성실성이 있어야 한다.
5) 지성이나 능력보다 남을 돌보고자 하는 마음이 있어야 한다.

7. 속회원 배치
– 분할의 방법

1) 자유 선택 방식

① 속장을 먼저 세운다.

② 속장은 자기 속회 이름을 정하고 자기 속회의 특징과 비전을 담은 안내 포스터를 게시한다.

③ 교인들은 속장들의 가이드 속회를 보고 두 개씩 선택한다.

④ 모두 선택한 것 중에 조정하여 인원을 배분한다.

2) 일방적 배치

(1) 지역 분할

도시에서는 지역 분할의 경우가 까다롭지만, 연세가 있는 분들은 여전히 이러한 방법을 원한다. 우선 편하기 때문이다. 그러므로 두 가지를 고려해야 한다.

하나는 속회는 유기체이므로 이사한 즉시 바꿔줄 수 있도록 탄력 있게 운영한다. 이 경우는 속장의 보고와 담당전도사나 교구목사의 조언을 잘 들어야 한다.

둘째로 차량 이동이 가능한지를 고려해야 한다. 본인이 차가 있어서 움직일 수 있다면 연말까지 가도록 해도 되지만 그렇지 않으면 문제가 될 수 있다.

(2) 친화력 중심 분할

이것이 가장 좋은 방법 중 하나다. 지금은 교통이 좋고 이동하는 것이 불편하지 않기 때문에 친구가 좋으면 어디까지 가든 크게 힘들어하지 않는다. 사람은 소속하고 싶어 하는 욕구와 인정받고 싶어 하는 욕구가 있다. 따라서 나를 알아주는 사람들이 있고 그 공동체가 좋으면 그것보다 더 강한 동기는 없다. 친화력이 안 되면 모임이 어려워진다.

(3) 필요지향적인 분할(싱글, 같은 또래, 직장 등)

이 경우는 (1)과 (2)를 포함하여 분할하는 방법이다. 가장 이상적이라고 할 수 있다.

8. 속장교육

1) 속장교육 1차 – 사명자 집회

속장은 무엇을 해야 하는가? 속장으로 임명 받은 후 첫 번째로 해야 하는 것은, 속장으로서 무엇을 해야 하는가에 대한 교육이다. 어느 공동체든지 마찬가지지만 지도자의 영성과 리더십에 따라 그 공동체가 사는지 죽는지가 결정된다. 그러므로 속장을 잘 훈련시키는 것은 담임목회자가 해야 할 일이다. 얼마나 정성을 들이고 세심하게 훈련을 시키는가에 따라 공동체의 운명이 달라질 것이다.

(1) 속장의 역할

〈속회원의 편지〉
"칭찬합니다"
오늘은 그냥 잠을 들 수가 없습니다. 꼭 칭찬하고 싶은 사람이 있어서

요. 며칠 전 일입니다. 울 아버님이 항암제를 맞고 오신 지 4일 정도 지난 어느 날 저녁이었어요. 저는 부엌에서 저녁준비를 하고 있었는데 방에서 갑자기 신음소리가 나오는 거예요. 아버님께서 무지하게 아프다면서 설설 방을 헤매시더라고요. 겁이 난 저는 119에 전화도 해 보고, 여기저기 전화해 봐도 불통이어서 전화만 붙들고 있는데, 때마침 집에 들어왔다는 형님의 반가운 소리에 얼른 오시라고 전화를 해놓고 아버님을 부축해서 나가려는 현관 앞에서 갑자기 아버님께서 기절하시는 겁니다. 아버님 아버님 하고 크게 소리를 치는데 우리 아버님 속장님이 때마침 오신 거예요. 그래서 속장님의 등에 업혀 병원 응급실에 눕혔고 아버님은 여전히 비몽사몽 간이었고 나도 옆에서 덜덜 떨고 있었지요. 의사들이 이것저것 물어보시더니 화장실을 며칠째 가시질 못해서 생긴 병 같다면서 사진도 찍고 그러더니 관장을 시켜야겠다고 그러대요. 무지하게 큰 주사기를 간호사가 가지고 와서는 항문에 넣는 것 같더니 15분을 참고 있다가 화장실 가서 볼일 보시라고 하는데, 저도 형님도 밖에서 보고만 있을 수밖에 없고 아버님은 기운이 없으셔서 참지를 못하시는 겁니다. 그런데 속장님이 화장지 몇 울을 손으로 칭칭 감으시더니 화장실로 같이 따라 들어가서는 강제로 12~13분을 막고 계시는 거예요. 손에는 온통 변투성이고 아버님 옷에도 그렇고. 목사님 상상이 되시나요? 그 상황에서 우리 속장님이 없었으면 어쩔 뻔했는지. 너무너무 감사하고 어찌나 고맙든지 저희가 하나님이 아니면 어디서 이런 사람을 만날 수 있었을까 다시 한 번 무지하게 감동을 받았답니다.

그뿐 아니라 수시로 전화와 방문으로 기도해 주시고, 체크하시니 정말로 든든합니다. 사랑이 아니면 할 수 없는 일인 것 같아요. 우리 가족은 하나님을 알고부터 너무나 많은 것을 받고 사는 것 같다는 생각을 하게 됩니다.

하나님께서는 우리 가족을 너무나 사랑하시나 봅니다.

내일은 어떤 좋은 일이 내게 일어날까 상상하면서 하나님을 사랑하는 성도 올림

돌봄이 무엇인가를 보여 주는 좋은 사례라고 생각한다. 돌봄의 목적은 세움에 있는데, 세우는 일은 가르친다고 되는 것이 아니다. 감동을 통해서 마음이 열려지고 신뢰관계가 형성되고 주님과 만남이 이루어져서 구원의 확신과 제자로서 헌신의 단계까지 이를 때 돌봄이 온전히 이루어졌다고 할 수 있다.

이렇게 되기까지는 어머니의 손길처럼 수고와 헌신이 있어야 하는 어려움이 있다. 오늘날처럼 복잡하고 바쁘게 살아가는 성도들에게 이러한 사역은 힘들겠지만 주님의 사랑과 은혜를 생각한다면 빚진 자의 마음으로 감당해야 할 부분이다.

도우미가 인기직업 중 하나가 될 수 있는 것은 현대인들의 특징을 반영하는 것으로 사이버 시대의 특징인 나와 너의 만남보다 온라인상의 만남으로 인해 공허함과 외로움의 역행심리의 다른 현상이라고 할 수 있다. 도우미를 사용함으로 매출 신장이 30% 가까이 올라가는 경우도 있다는 결과를 본다면, 단순한 디지털 시대의 매력보다 감정과 감성을 가진 인간에게 따뜻한 돌봄이나 만남이 얼마나 중요한가를 확인할 수 있다.

이러한 맥락에서 볼 때 속장 역할의 중요성과 그 일을 위해 훈련을 받아야 할 필요성을 느끼게 된다. 다음의 내용을 참조하여 속장을 훈련시킨다면 좋은 돌봄 사역을 실천하는 속장이 되어 건강한 속회가 될 것이고 훌륭한 속장이 될 것이다.

① 돌보미가 필요한 영적 아이

다음의 내용은 인간이 어떻게 성장하는가에 대한 이론과 더불어 영적 성장의 과정을 함께 설명하여 속장들에게 도움을 주고자 한다.

ㄱ. 인간의 성장 8단계 이론에서 본 아이의 인격형성과 영적 아이의 신앙성격형성의 중요성

ㄱ) 에릭슨의 영아기는 신뢰 대 불신의 시기

영아는 자아와 타자의 구별이 없고 반사적 경험의 의식도 없다. 이때는 감각운동기이다. 모든 것을 입으로 분별하려고 하고 느낌을 통해 인식하는 단계다. 오직 돌봄과 상호작용이라는 의식을 통하여 신뢰의 기초를 제공한다. 그리고 돌보는 이들의 질과 일관성에 의하여 신뢰감과 의존감을 나타낸다.

성도 역시 속장이 어떻게 마음으로 돌보고 사랑하며 관심을 기울이는가에 따라 속장을 신뢰하며 따르느냐가 결정된다.

ㄴ) 파울러의 이론

인간은 출생 후 9개월 동안 우리를 사랑하는 사람들의 돌봄을 받는다. 이러한 경험들이 원만하지 않거나 지속적이지 않을 때 상처를 받는다.

사랑과 돌봄을 제공해 주는 이들과의 관계적인 상호성의 경험을 통하여 신앙이 시작된다. 초보적 지각이나 신앙은 돌보는 이의 눈길, 미소 그리고 손길 등에 의해 형성된다.

"아이 인격의 90%는 만 3세 이전에 형성된다." 이 말은 우리에게 많은 것을 시사하고 있다. 짧은 기간 동안의 경험이나 돌봄의 사랑이 인격형성이나 성격형성에 많은 영향을 미친다는 것을 생각한다면 신앙인격의 문제도 돌봄의 사역이 얼마나 중요한가를 말하는 것

이다.

ㄴ. 인간은 태어나면서부터 돌봄이 필요한 존재다.

한 생명이 모태에서 출생하는 순간 스스로 할 수 있는 것은 아무것도 없다. 그래서 옛 사람들도 인생은 빈손으로 온 존재라고 한다. 벌거숭이로 태어난 아기는 한순간도 돌봄의 손길이 없으면 살 수 없다. 하나님께서 이렇게 인간의 출생을 아무런 준비 없이 출생하게 하신 이유는 인간은 돌봄이 필요한 존재로 관계 속에서 살도록 창조하셨기 때문이다. 한 인간의 성장과정에서 돌봄이 제대로 되지 않으면 사회적인 문제아를 만들어 엉뚱한 사람들이 피해를 입는 경우를 많이 본다. 그러므로 가정에서 부모들에게 돌봄을 잘 받는 것은 자신뿐 아니라 사회적으로도 건강하게 되는 지름길이다.

던 롭(타이어사 회장)은 사랑하는 아들이 있었다. 하루는 자전거를 타던 외아들이 크게 부상을 당했다. 아들이 타던 자전거는 삼륜으로 바퀴가 나무와 무쇠로 만들어진 것이었다. 그러다 보니 자전거는 작은 충격에도 심하게 흔들려 다친 것이다. 상처를 치료하면서 이 아버지는 어떻게 하면 안전한 자전거를 만들까 생각했다. 어느 날 아들이 축구공에 바람을 넣어달라고 했다. 축구공에 바람을 넣던 아버지는 자전거에 공기타이어를 사용하면 훨씬 안전하리라고 생각했고, 이후 공기타이어를 발명하였다. 미국의 포드사도 독일의 벤츠사도 공기타이어를 사용하게 되었다. 깊은 애정과 작은 배려 속에서 위대한 발명품이 나온다. 모든 문제의 해결 열쇠는 사랑과 관심이다. 이처럼 돌봄의 사랑은 사람을 세워주는 것 뿐 아니라 다양한 형태의 열매도 창출해내는 것이다.

짐승은 태어난 지 3시간이면 걷는다. 옷도 입고 나오고 스스로 살아가도록 창조되었다. 짐승은 생존만을 위한 존재이지만 인간은 인격을 가진 존재이며 동시에 사랑을 먹고 사는 존재이기 때문에 돌봄이라는 관계를 통하여 인간이 되어가는 것이다. 그러나 더욱 중요한 것이 있다. 육체적인 인간으로 건강하게 자라고 지성적으로 잘 자랐다고 해도 영적인 존재인 인간은 만족할 수 없고 행복할 수 없다. 우리가 영적인 공동체인 속회 안에서 돌봄을 받아 영적인 자유와 치유를 얻을 때 진정한 기쁨과 자유를 누리기 때문에 인간은 태어날 때부터 돌봄이 필요한 존재다.

▶ 짐승들이 새끼를 돌보는 과정을 살펴보라.

1. 부화기 - 어미닭은 3주 동안 둥지에서 꼼짝하지 않고 알을 품는다. 이유는 온도가 내려가지 않아야 하기 때문이다. 얼마나 정성을 다하는지 모른다. 우리는 새 생명을 위해 얼마나 뜨거운 사랑으로 품고 있는가? 그리고 구체적으로 품는 방법은 무엇인가?

2. 양육기 - 어미닭은 병아리들을 데리고 다니다가 독수리가 나타나면 재빨리 날개 아래 품고서 대담하게 맞선다. 비록 자기가 싸움의 상대가 되지 않음을 알면서도 지극한 모성애의 본능으로 희생을 각오하는 것이다. 이것은 어미들에게 창조주가 주신 본능이다. 당신은 돌보미로서 어떤 정신을 가지고 돌보고 지키는가?

3. 훈련기 - 어미닭은 새끼들에게 먹이를 찾는 방법과 조심해야 할 천적들이 무엇인지를 가르치고 위험한 것과 안전한 것이 무엇인지를 철저히 가르친다.

독수리가 새끼들을 훈련하는 것은 가히 경이롭다. 집을 지을 때부터 가장 안전한 곳에 짓고 가시나무로 기본골조를 만든 다음 풀이나 짚을 가져다 깔고 그 위에 부드러운 털을 가져다 깔아서 부드럽게 한다. 일단 새끼들이 자라게 되면 새끼의 독립을 위해 둥지 밖으로 몰아내려고 애쓰는데 말을 안 들으면 둥지에 있는 부드러운 털과 풀들을 다 끄집어내어 새끼들이 가시 때문에 있지 못해서 밖으로 나가게 한다. 그래도 머뭇거리면 둥지 밖으로 밀어서 떨어뜨리는데 그때 어미는 큰 날개로 받아서 높이 올라간 후 떨어뜨리면 새끼는 발버둥 치면서 날개에 힘을 얻기 시작한다. 비상 훈련이 시작되면 착지 훈련과 먹이를 식별하는 훈련, 사냥하는 훈련 등을 통하여 새 중의 왕으로서의 위엄을 갖게 되는 것이다. 그러나 참새들은 훈련을 받지 않기 때문에 평생을 짹짹거리면 산다. 우리는 무엇을 훈련하고 가르쳐야 하는가?

4. 독립기 - 돌보는 것의 목적은 세워서 증인되게 하는 것이다. 에베소서 4장 12절에 보면 은사를 주신 목적은 성도를 온전케 하며 봉사의 일을 하게 하기 위함이라고 하였다. 온전케 하는 것은 'equipping'으로 '구비시켜서 일할 수 있도록 준비시키는 것'을 의미한다. 주신 은사를 훈련을 통하여 잘 사용할 수 있게 한 후 봉사하게 하는 것이 목적이라는 것이다. 그러므로 속회에서 속장의 역할은 속회원들의 은사를 발굴하고 같이 훈련하고 참여시켜서 은사대로 봉사하게 하는 것이다.

ㄷ. 교회는 영적 생명을 길러내는 산실이다.
　ㄱ) 교회는 영적 산실이며 가정과 같은 곳이다.
　ㄴ) 한 영혼이 구원받은 후 유모가 없다면 얼마나 불안하고 상처를 받을 것인가?
　ㄷ) 관심과 사랑의 젖을 먹여야 한다.
　ㄹ) 당신의 가정에 아기가 태어났을 때를 상상하면서 어떻게 돌볼 것인지 생각하라.

일반적으로 성도들은 교회 부흥이나 새가족과 관련해서는 목사나 사역자들이 하는 것으로 착각한다. 그래서 부흥이 안 되면 목사가 능력이 없어서라고 하면서 쫓아내기도 하고 책임을 묻기도 하는 일들이 있다. 이것은 옳은 것이 아니다. 상식적으로 생각해도 목자가 양 새끼를 낳을 수는 없다. 양이 양을 낳는 것이다. 목자는 전도할 수 있다. 그러나 돌보고 키워내는 것은 성도들이 섬기며 할 일이다.

ㄹ. 하나님은 영혼들을 교회에 보내신다. 한 영혼도 잃어버리지 않는 것이 아버지의 뜻이다.

하와를 아담에게 이끄신 분은 하나님이시다. 마찬가지로 하나님께서는 한 영혼을 교회로 이끌어주신다. 새신자가 왔을 때 당신은 그 새신자를 어떻게 보는가? 귀찮은 존재로 보는가? 아니면 뼈 중의 뼈요, 살 중의 살이라고 느끼는가?

한 영혼은 천하보다 귀하기 때문에 한 영혼이라도 잃어버리면 안 된다. 그래서 교회에는 영적인 유모들이 많아야 한다. 무엇보다 속장은 목자이며 돌보미가 되어야 한다. 사도 바울이 걱정한 것이 무엇인가? 그리스도 안에서 일만 스승은 있지만 영적 아비는 적다고 탄식하였다. 오늘날 대부분의 교회 문제는 교회에 대한 잘못된 인식 때문이다. 교회가 무엇인지에 대한 오해 때문이다.

데오도르 위델(Deodore wedel)은 오늘날 변질된 교회의 문제를 이렇게 말하였다. "어느 바닷가에서 많은 사람들이 물에 익사하는 사건이 벌어지자 뜻있는 이들이 모여 구조대를 만들고 봉사하여 많은 이들을 구조하였다. 이들의 소문이 세상에 알려지면서 더 많은 이들이 이러한 의미 있는 일을 위해 헌신하겠다고 하여 구조 본부는 확장하고 건물도 새로 짓게 되었다. 그랬더니 그곳에서 파티도 하고 커피도 마시면서 이렇게 좋은 일을 하는 이들을 위해서 프로그램도 진행하기를 원하였다. 그러다 보니 사람 구조하는 일은 뒷전에 두고 사교를 위한 프로그램에 집중하게 됨으로 잘못된 것을 지적하자 그렇게 사람 구하는 일을 하고 싶으면 저쪽에 가서 따로 만들어 봉사하라고 하였다. 그래서 몇몇 사람들이 나와 다시 구조 본부를 만들고 사람을 구조하는 일에 힘쓰게 되었다." 그는 이것이 바로 오늘날 교회가 변질된 모습이라고 하였다.

새신자는 영적인 어린아이로 그들에게 필요한 것은 사랑의 젖이다. 사랑의 젖은 영적 아이에게 필요한 것으로 사랑과 이해로 품어주는 넓은 가슴이 필요한 것이다.

새신자에게 필요한 것은 선생이 아닌 유모와 아비 같은 사람이다. 철저한 책임감으로 돌보는 것이다. 새신자는 끝까지 돌봐야 한다. 우리 주님께서는 이렇게 말씀하셨다. "나를 보내신 이의 뜻은 내게 주신 자 중에 내가 하나도 잃어버리지 아니하고 마지막 날에 다시 살리는 이것이니라."(요 6:39)

ㅁ. 돌봄 없이는 안전하게 자랄 수 없는 것이 생명이다.

씨앗은 스스로 자라지 못한다. 가꾸고 돌보는 농부의 손길이 필요하다. 농부의 발길에 따라 농사가 결정되는 것이다. 우리가 먹는 쌀도 농부의 88번의 손길이 있어야 먹을 수 있다.

양에게는 목자가 필요하다. 목자가 없다면 어느 양도 살아남지 못한다. 광야 같은 세상에서 영적인 사자 같은 악한 마귀의 손아귀에서 주님의 양들이 안전하게 보호받기 위해서는 목자의 희생과 돌봄의 사역이 철저하지 않으면 안 된다. 그래서 웨슬리는 말하기를 "속장은 영적인 경찰관과 같은 역할을 해야 한다"고 한 것이다.

ㅂ. 돌봄을 통해 믿음이 서로 성장하며 영혼의 귀중함을 알게 된다.

아이를 낳아 본 엄마라야 자식의 귀중함을 안다. 처녀는 아이를 잘 알지 못한다. 믿음의 성장은 체험을 통하여 얻을 수 있는 것이다. 자식을 길러보지 못하면 잘 돌볼 수 없다. 이것이 이상과 현실 사이의 갈등이고 문제다. 종교인들만 잔뜩 양산한 현대 교회의 문제가 바로 이것이다. 이기적이고 자기중심적인 신앙생활 때문에 새신자가 와도 돌볼 사람이 없어서 정착하기 어려운 것이다.

가르쳐 보지 못한 선생은 좋은 선생이 될 수 없는 것도 마찬가지다. 실습을 통하여 경험이 축적될 때 좋은 속장, 좋은 목자가 될 수 있다. 그러므로 돌봄은 상호관계를 확고히 하는 것이며 서로 성장할 수 있는 방법이다.

ㅅ. 돌보미는 영적인 부모가 되는 축복을 받는다.

시편 127편에 보면, 화살이 전통에 가득한 자는 성문에서 원수와 말할 때 부끄러움을 당하지 않는다는 말씀이 있다. 낳는 것도 중요하지만 돌보고 키우는 것은 더 중요하다. 낳는 것은 하나님의 축복이지만 키우는 것은 우리가 해야 할 사명이기 때문이다. 이제 부흥을 주기 원하시는 하나님께서 한 영혼을 보내주셨다. 그가 속회에 편성될 때 나는 속장으로서 어떻게 할 것인가? 영적인 부모가 되라. 그리고 기억하라. 영적인 자녀들이 많으면 목자의 상급을 받고 주님 앞에 설 때 부끄러움을 당하지 않을 것이다. 오히려 그들이 주님께 말하기를 "저 속장님이 나를 돌봐주셔서 제가 구원받았습니다. 감사합니다"라고 할 것이다.

(2) 속회원 돌봄수첩

속장이 돌봄의 사역을 시작하려고 할 때 무기는 속회원들에 대한 정보다. 속회원들 하나하나에 대한 정보를 얼마나 잘 아는가에 따라 돌봄의 영역이 결정된다. 돌봄이란 일방적인 사역이 아니라 대상자를 세워 주기 위한 것이므로, 상대방의 특성에 맞게 말하고 이끌어 주고 훈련시켜야 하기 때문에 상대를 모르면 마음 열기도 어렵고 자상한 돌봄이 불가능하게 된다. 그러므로 속장은 돌봄수첩에 최대한 많은 것들을 채워서 내 속회원들에 대한 생활의 문제, 영적인 문제, 신상정보, 인간관계정보, 그의 관심이나 특성 등 수첩에 있는 내용들을 잘 정리해 두는 것이 무기가 될 것이다.

속회원 돌봄수첩은 속장이 1년 동안 맡겨진 속회원을 잘 돌볼 수 있게 속회원에 대한 신상명세부터 영적 상태에 이르기까지 자세하게 기록하고, 또 돌보면서 생겨나는 여러 가지 상황에 대해 기록할 수 있게 만든 수첩이다. 돌봄수첩에는 구역장, 속장, 부속장, 속회원들의 역할과 속회운영 프로그램과 속회 편성표를 넣어 주어 속회에 관련된 모든 사항을 볼 수 있게 해 준다.

▶ 작성법

① 올해 속회의 표어와 목표, 주제 찬양을 정해서 적는다.

② 모든 속회원의 반명함판 사진과 이름, 핸드폰, 집 전화번호를 적어 한 눈에 모든 속회원의 연락처가 파악되게 한다.

③ "우리 속회가 봉사할 구역"에는 각 속회가 교회의 여러 장소 중 한 장소를 택하고 정해서 매주 청소하고 교회에 올 때마다 돌보고 가꿈으로 교회 전체가 깨끗하고 아름답게 가꾸어지도록 한다.

④ "세움 받아 사역할 성도" 란에는 개설되는 성경공부 반에서 교육받고 훈련받아 세움 받을 속회원들을 적는다.

⑤ "우리 속회 전도 대상자" 란에는 속회원들의 올해 전도 대상자들을 적고, 매 주일 속회예배 때마다 함께 중보 기도한다.

⑥ 돌봄수첩에는 20명의 속회원 자료를 기록할 수 있다.

⑦ 각 속회원들의 가족사진을 붙이고 가족사항과 특별사항을 자세히 기록한다.

⑧ 속회원에 대한 개인적인 관심 사항과 신앙생활 및 기도제목을 파악

하여 속장이 매일 속회원들을 위해 중보 할 때 이 내용을 보면서 기도한다.

⑨ 출석부에는 1월부터 12월까지 매주 주일예배, 수요예배, 속회예배 출결 사항을 파악하고 연간 출석횟수를 파악하여 적는다. 그러기 위해서는 속장이 모든 예배에 본을 보여야 한다.

⑩ 속장은 돌봄수첩을 항상 휴대하고 다니며 속회원들을 돌보고 중보 기도할 때 사용한다.

(3) 속장 보고서 쓰는 법

개체교회에서는 모든 성도를 속회에 편성하고 각 속회마다 속장을 세워 담임목사의 목회를 돕게 한다. 그 방법은 속장이 매 주일 속회원들의 삶과 신앙의 성장 등 속회의 상황을 빠짐없이 속장 보고서에 기록하여 담임목사에게 보고하는 것이다.

속장 보고서는 예배를 드렸는가에 대한 확인서가 아니라 속장의 심방 사항을 통하여 속회원들의 상황을 파악하는 것이다. 속장이 속장 보고서를 잘 써서 제출하면 담임목사는 한 눈에 모든 성도의 신앙을 알 수 있기에 속장 보고서는 반드시 필요하다.

속장 보고서는 담임목사님만 보고 그곳에 기록된 내용은 절대 비밀로 하는 것이 원칙이지만 대형교회에서는 모든 속장의 보고서를 일일이 읽을 수 없기에 교구를 담당하는 교역자들이 속장들의 보고서 내용을 정리하여 보고한다.

먼저 속장 보고서를 책자로 만들어 속장들에게 나눠 준 뒤 매 주일 각 교구담당 전도사(간사)가 받아서 담임목사에게 제출했다가 수요 예배 시 속장들에게 돌려준다. 속장 보고서에는 담임목사 지시사항 칸이 있어 그곳에 담임목사가 속장들의 보고서를 읽으며 속장들이 보고한 내용에 대한 칭찬과 격려의 댓글을 달아주기도 하고, 때로는 속장들이 질문한 문제에 대해 답을 주기도 하며 속장의 역할을 더 열심히 할 수 있게 한다. 책자로 된 속장 보고서 작성이 어렵다면 낱장의 속장 보고서를 이용할 수도 있다.

▶ 책자형 속장 보고서 작성방법

① 주일 결석자(사유): 보고서를 매 주일 제출할 때 그날 주일예배에 참석하지 못한 속회원들을 체크하여 제출한다.

② 속회원 중보기도 내용: 매 주일 속회원들의 중보기도 내용을 자세하게 기록해서 제출한다.

③ 성화를 위한 발걸음 및 은사발견: 속회원들의 신앙의 모습이 시간이 가면서 어떻게 변화되어 가는지 기록한다. 또한 각 속회원들이 가지고 있는 은사가 발견될 때마다 기록한다.

④ 나눔의 사역(간증, 전도, 삶): 속회예배 때 어떤 이야기를 나누었는지에 대해 기록한다. 속회원들의 개인적인 상황에 대해서도 꼭 기록한다. 담임목사는 그 보고서를 보며 성도들의 상황을 알고 전화로 기도해 줄 수도 있고, 설교준비를 하는 데 도움을 받을 수도 있다.

⑤ 속장의 심방 사역: 속장이 일주일 동안 속회원들을 심방한 내용을 적는다. 속회원을 심방하여 만났으면 심방한 내용을 적고, 만나지 못했으면 찾아갔으나 없어서 못 만났다고 보고하고, 만남심방을 하지 못했으면 어떤 방법으로 심방했는지 보고서에 작성하면 된다. 되도록 전화심방보다는 찾아가서 만나는 만남심방을 하도록 한다.

〈낱장형 속장 보고서〉

_____교구 _____구역 _____속장 보고서

속장: _____ 직분: _____

1. 기도 응답과 감사 및 칭찬할 내용

2. 속회원 돌봄 실천내용

  1) 심방

  2) 기도

  3) 기타

(4) 속회 운영계획

① 속회 표어와 목표

새해가 되면 교회는 새로운 교회 표어와 목표를 발표하여 교인들이 1년 동안 신앙생활을 할 때 어디에 중점을 두고 신앙생활을 해야 하는지 알게 한다. 이처럼 속회도 처음 조직되었을 때 속장은 자기가 맡은 속회가 1년 동안 추구하고자 하는 표어와 목표를 발표하여 매 주일 속회예배를 드릴 때 한 번씩 외우거나 따라하게 함으로 자신들의 속회가 1년 동안 무엇을 향해 나아가는지 알게 한다.

> **예시**
> 표어: 은혜와 사랑이 넘치는 속회
> 목표: ㄱ. 모이기에 힘쓰고 항상 기도로 무장하자
>   ㄴ. 주1회 이상 새벽기도회에 참석하자
>   ㄷ. 교회 봉사는 웃음과 겸손으로 실천하자
>   ㄹ. 친교와 나눔의 생활에 적극 동참하자

② 연중 계획 세우기

대부분의 교회가 연말이 되면 연중 목회계획을 만들듯이 속회 중심형 교회로 나아가고자 한다면 연중 속회운영계획을 만드는 것도 반드시 해야 할 일이다. 이것은 단지 계획이 아니라 담임목사가 애정과 열정을 가지고 해야 한다. 그러므로 연중 속회운영계획은 많은 것을 고려해야 한다. 전투를 치러야 하는 군부대의 사령관은 주먹구구식으로 싸우지 않을 것이다. 분명한 철학과 전략을 세우지 않으면 승리할 수 없기 때문이다. 다음의 것들은 무겁지 않은 차원에서 목회계획과 연동할 수 있는 내용을 소개하고자 한다.

〈속회 연중 계획표〉

월	목표	진행 프로그램
1월	속회 기초 만들기 달	1) 사명자 세미나 - 속장, 부속장 혹은 구역장들이 해야 할 것들이 무엇인지 사명자 훈련을 한다. 이때 각 속회는 표어와 목표, 봉사구역을 정하고 교회에 게시한다. (봉사 장소 / 전체봉사 구역표) 　* 사역축제의 시간을 갖고 붐을 조성하는 것도 좋다. 2) 속장 서약 헌신예배를 통해 속장 임명을 하고, 속장으로서 1년 동안 헌신할 것을 결단하게 한다. 3) 마지막 주 속회는 지역봉사활동 장소를 방문하고 현장속회 예배를 드린다. 4) 속장교육은 매주 금요일 새벽에 담임목사가 반드시 가진다. 5) 속장 보고서를 반드시 쓰게 한다. 대부분 교회들 중 20%는 속장 보고서를 부담스러워 한다. 그럴 때에는 교구 담당 사역자에게 속장이 구두로 보고하게 한다. 6) 1/4분기 속장 세미나
2월	속회 부흥의 달	1) 사순절 전도 속회 전략 세우기 2) 하루 10분 전략기도(2인1조) 하기 3) 마지막 주 봉사실천속회
3월	전도 속회의 달 (1차 전도속회)	1) 사순절 참여하기 2) 매주 진행되는 전도속회 참여하기(전도 대상자 정하기 → 2번 만나기 → 속회로 초청) 3) 연합속회(성찬과 시상 / 칭찬하기) 　출석상 / 영상 만들어 보여 주기 / 전도주일 마지막 점검
4월	부활과 생명 나누기의 달	1) 부활절 전도 D-day 전도속회 총력 다하기 2) 부활절 속회에서 전도한 새가족이 교회에 정착할 수 있게 관심 갖고 돌보기(속회원들이 돌아가면서 전화하기, 전도한 사람과 다른 속회원이 함께 찾아가 친화력 키우기) 3) 마지막 주 봉사실천속회
5월	가정 세우기의 달	1) 자녀들에게 사랑의 편지 쓰기 2) 부모님께 감사의 마음 전하기(감사편지를 써서 부모님께도 보내고 교회에 게시) 　독거노인의 가정을 찾아가 카네이션 달아드리기 3) 남편은 아내에게, 아내는 남편에게 세족식을 하고 속회에서 느낌 나누기 4) 웨슬리 알기(24일 회심) - 성령체험 위한 기도회

6월	나라 사랑의 달	1) 교회에서 나라와 민족을 위한 기도제목 카드를 만들어 주면, 속 회에서는 만들어 준 기도제목 카드를 가지고 속회로 모일 때마 다 나라와 민족을 위해서 기도하기 2) 셋째 주 봉사실천속회 3) 마지막 주 연합속회 – 1월에 정한 봉사구역에 대한 봉사활동을 확인하고 수정한다.
7월	교육의 달	1) 감사의 마음 표현하기(맥추감사주일을 지키면서 무엇을 가지고 하나 님께 감사했는지 글로 쓰고 속회에서 속회원들끼리 나눈 후 속회별로 잘 정리하여 교회에 제출 – 예쁘게 만들어 전시) 2) 부속장 세미나(7월 교육의 달을 맞이하여 부속장 세미나를 7월 초에 진행한다.) 3) 셋째 주 봉사실천속회 4) 마지막 주 속회 방학
8월	수련의 달	1) 첫째 주 속회 방학 2) 속장 수련회(1박 2일로 교회학교 여름성경학교와 수련회처럼 2/4분기 속장 세미나를 속장 수련회로 진행한다.) 3) 마지막 주 봉사실천속회
9월	전도의 달	1) 후반기를 시작하는 특별새벽기도회에 참석하기(앉는 자리를 속회 별로 앉게 하여 속회에서 관심 갖고 참석하게 한다.) 2) 셋째 주 봉사실천속회 3) 마지막 주 연합속회(속회별 성경퀴즈대회 – 1월부터 9월까지의 공과 내용을 퀴즈로 진행, 1월부터 9월까지 속회원이 증가한 숫자만큼 점수 를 준다. 출석률도 점수로 준다.)
10월	세움의 달 (2차 전도속회)	1) 2차 전도속회를 위한 교육 받기 2) 2차 전도속회 참여하기(전도 대상자 정하기 → 2번 만나기 → 속회로 초청) 3) 마지막 주 봉사실천 속회
11월	감사와 결산의 달	1) 속장, 부속장 비전 순례하기 2) 추수감사절 감사바구니 만들기(속회에서 모여 서로 감사의 제목을 나누며 정성스럽게 감사바구니를 만들어 추수감사절 강단에 놓는다. – 가게에서 주문해서 갖다 놓는 것은 아무 의미가 없다. 사전에 이러한 내 용을 교육한다.) 3) 마지막 주 봉사실천속회
12월	성탄의 달	1) 교회에서 만드는 전도달력을 가지고 속회별로 전도하기 2) 성탄행사에 구역별로 준비해서 참석하기 3) 셋째 주 봉사실천속회 4) 마지막 주 연합속회 – 간증 나누기, 분속한 속회와 1년 동안 속 회 출석률이 제일 좋은 속회 시상하기(출석률을 확인하기 위해서는 연초에 나눠주는 속장 수첩의 출석부에 속장들이 출석체크를 잘하도록 사전에 교육한다.)

(5) 속회원에 대한 영적 관리

웨슬리에 따르면 속장은 영적 경찰관으로서 그 역할을 다해야 한다. 이는 이단과 세상의 물결에 대하여 어떻게 관리하고 지켜야 하는지에 대한 책임을 요구하는 것이다.

① 기도로 관리하기(가장 강력한 무기)

우리는 보이는 것에 너무 익숙해져 있고, 감각적인 것만 믿는 데 학습이 되어 있어서 영적인 세계를 움직이는 능력의 손인 기도에는 크게 의존하지 않는다. 그러나 속장은 영적인 능력의 손인 기도를 통해 속회원을 돌봐야 하는데, 매일 시간을 정해 놓고 속회원들의 이름을 부르며, 그들의 기도제목을 기억하며 성령의 도우심을 구하면서 구체적으로 주님께 기도함으로 돌봐야 한다. 그러면 속회원들의 심령과 문제들을 잘 알게 되고 친화력이 생기며 그들의 문제가 전이되어 내 문제가 되는 것을 알게 된다. 이러한 영적인 흐름은 속장으로 하여금 진정한 지도력을 갖게 만들고 속회원들이 순종하게 된다.

② 돌봄(관심)으로 관리하라(생활 속에서)

속회를 통해 속장이 속회원을 돌봄으로 그들을 세우는 목적은 속회원들이 삶 속에서 성화를 이루게 하기 위함이다. 그러기 위해서 속장은 속회원들의 신상을 먼저 파악하고 있어야 한다. 속장은 속회원들의 생일, 취미, 결혼기념일, 가족 사항, 성격과 습관, 은사, 관심사항 등을 알아야 하고, 또한 속회원의 가족과 가정 형편에 대해서도 알아야 한다. 이러한 것들은 속회원들의 중보 기도나 가정 복음화를 이루는데 중요한 정보가 되며 속장으로서 속회원들을 바로 돌볼 수 있고, 그들을 성화의 길로 인도할 수 있기 때문이다.

③ 심방으로 관리하라(심방 전략 참조)

④ 말씀으로 관리하라(매일 말씀문자 보내기)

사람이 하루를 시작할 때 무엇을 보고, 듣느냐에 따라 많은 영향을 받는다. 아침에 무심코 들은 가요가 하루 종일 입술에서 떠나지 않고 흥얼거리게 되는 체험을 해 보았을 것이다. 그렇기 때문에 속장은 속회원들에게 말씀을 문자로 보내주는 일을 통해 말씀이 속회원들을 인도할 수 있게 해야 한다. 요즘은 예약을 해 놓으면 정해진 시간에 동시에 여러 사람에게 문자를 보내주는 인터넷 사이트들이 많다. 따라서 속장이 속회원들을 위해 조금만 시간과 물질을 투자하면 말씀으로 속회원들을 관리하는 데 많은 도움을 받을 수 있다.

⑤ 예배출석으로 관리하라(주일예배 출석체크)

속회원들이 예수님을 만나는 자리가 푸른 초장이요, 쉴 만한 물가이기에 속장은 속회원들을 말씀과 기도와 찬양이 있는 자리로 인도하여 은혜를 체험하게 해야 한다. 그러기 위해서는 주일성수가 중요하다. 속장은 속회예배의 출석만 확인하는 것이 아니라 속회원이 주일성수를 잘할 수 있게 늘 확인하고, 돌봐야 한다. 만약 속회원이 주일성수를 하지 못했는데도 그 주일을 아무런 돌봄도 없이 지나가면 다음 주일까지는 보름의 시간이 흐르게 되며, 그럴 때 속회원은 영적으로 문제가 발생할 확률이 높아진다. 그러므로 속장은 철저한 예배출석 관리로 속회원을 돌봐야 한다.

⑥ 봉사실천으로 관리하라(속회별 봉사구역 정하여 봉사실천)

속회원들은 예배를 통해서 은혜를 받고 믿음이 성장하지만 봉사를 통해서도 성장할 뿐만 아니라 더 큰 은혜와 기쁨을 누리게 된다. 따라서 속장은 새해를 시작하며 사명자 집회 시 정해 놓은 속회별 봉사구역에서 봉사하는 일에 속회원들을 적극적으로 참여시키고, 한 달에 한 번은 연중 속회 계획에 있는 것처럼 지역의 고아원이나 양로원, 어려움을 겪고 있는 사람들을 찾아가 몸으로 봉사하게 함으로 예수님의 사랑을 몸으로 실천하며 나누는 것이 얼마나 귀한 일인지 알게 해야 한다.

⑦ 이단으로부터 관리하라

이단은 방법을 가리지 않고, 기성교회의 성도들을 미혹하고 있다. 특히 주일예배 속에 침투하기보다는 한두 명의 성도를 통해 속회 안으로 침투하기가 쉽다. 사랑의 가면을 쓴 이단에 새가족들은 쉽게 넘어갈 수도 있기 때문에 속장은 존 웨슬리 목사님의 말처럼 건강한 교회, 건강한 속회원들이 되도록 영적 경찰관이 되어 속회원들을 지켜내야 한다. 속장이 건강한 영적 눈을 갖지 못하면 교회와 속회원들의 영적 건강도 그만큼 위태로워질 수밖에 없다.

(6) 심방 전략

심방은 만남의 심방을 원칙으로 한다. 그 이유는 정보화 시대가 가져다주는 부작용 가운데 하나가 만남의 부재로 인한 인간관계의 소외감이라는 것이고, 갈수록 심화될 이 문제를 극복하는 길은 오직 만남을 통한 인격적인 교제라고 보기 때문이다. 웨슬리 속회의 직고 문제와 열린 마음의 교제는 만남을 통한 대화와 돌봄에서만 해결되기 때문에 만남의 심방을 강조한다. 만일 속회원이 속회 시간을 맞추지 못하면 그냥 지나치지 말고 돌봄의 정신으로 찾아가서 공과 내용을 같이 나누고 영적인 문제를 같이 기도해 줌으로써 속장과의 끈을 이어가게 한다. 그런 경우 속회에 참여한 것으로 인정해 주면 속장들은 더 열심히 한다. 속회는 예배 중심이 아니라 돌봄과 세움을 중심으로 생활의 신앙을 강조하고 삶을 나누고 공유함으로 하나 되게 하는 데 중점을 둔다.

① 만남심방

ㄱ. 만날 대상자를 위해 기도하라.

ㄴ. 만나면서도 화살기도를 하라.

ㄷ. 관심을 표명하라.

ㄹ. 신앙적으로 권면하라.

ㅁ. 마치면서는 꼭 기도해 줘라.

② 편지심방

A4 절반이나 엽서 크기의 예쁜 종이 또는 포스트잇을 평소에 가지고 다니다가 속회원을 만나지 못했을 경우에는 친필로 개인의 관심을 표현하라.

③ 전화심방, 문자심방(이메일, 메신저, 트위터)

전화나 문자는 속회예배 모임을 알려주는 수단으로만 사용할 것이 아니다. 일주일 동안 속회원을 만났거나 편지로 심방을 했어도 전화로 안부를 물으며 속회원들에 대한 관심을 표현한다. 그리고 만남심방이 되지 못한 경우에는 전화나 문자로라도 교회 소식을 알려주는 등의 심방을 한다. 최근 젊은 사람들은 컴퓨터를 활용하여 메신저로 대화를 하며, 이메일을 보내거나 트위터를 통해서도 서로의 안부를 자세하고 빠르게 살필 수 있게 되었다.

④ 속회심방(담임목회자가 하는 경우)

목회의 방법은 천차만별이지만 속회중심형 목회를 하기 원하면 심방의 패러다임도 바뀌어야 할 것이다. 지난 세대의 목회방법은 심방목회가 주류였다고 할 수 있을 정도로 심방에 정성을 들였다. 봄 가을로 실시하는 심방은 춘기 대심방 가을 대심방이라고 붙일 정도로 일 년 농사 짓는 것처럼 매우 큰일이었다. 그러나 시대의 흐름은 가정 중심의 심방이 어려워지고 있다. 무엇보다 어디에 목회의 초점을 맞추는가에 따라 심방의 방법도 달라져야 하므로 속회심방이 효율적이라고 할 것이다.

속회심방의 방법은 이렇게 하면 된다.

ㄱ. 심방일시를 광고를 통해 알린다.

ㄴ. 심방방법과 준비사항을 알려준다.

· 속장의 준비사항

- 각 가정별 기도제목과 감사 내용을 적은 헌금을 준비한다.

- 심방은 속장의 집에서 한다.

- 속장은 사전에 각 속회원의 상황과 좋아하는 찬송을 담당전도
  사에게 알려준다.

- 담당전도사는 심방카드를 만들어 심방 전날 담임목사 책상에
  올려놓는다.

- 속장은 심방 받을 방을 미리 준비하고 심방예배상과 헌금, 그리
  고 작은 꽃병과 물 한 잔을 준비한다.

ㄷ. 담임목사의 심방방법

- 속장의 집에서 심방을 받을 때. 담임목사는 속장의 리더십을 확
  실히 세워 주어야 한다. 칭찬과 격려를 아끼지 않으며, 속회원
  들이 잘 순종하고 속장을 돕도록 해야 한다.

- 속회를 어떻게 드렸는지 묻고 잘 참석하는지에 대한 집단상담
  형태로 진행한다. 충분한 시간을 갖지 못해도 담임목사와의 대
  화를 통하여 소통하는 시간을 갖도록 한다.

- 말씀을 전한 후에 각 가정별 축복기도를 드리고 한 사람씩 안수
  기도를 한다. 특별히 몸이 아픈 사람이 있는 경우 통성기도 시
  킨 후 안수한다.

- 식사는 집에서 하지 말고 식당을 예약하여 함께 함으로 음식준
  비 한다고 분산되지 않게 한다.

▶ 심방에 대한 심도 있는 자료

1. 심방의 의미

하나님께서 친히 그의 백성을 찾아오사 구원하셨듯이(눅 1:68) 우리는

예수님을 대신하여 도움이 필요한 교인들을 방문하여 하나님의 구원의 은총을 나누어주는 것이다. 하나님이 우리 인간을 구원하기 위하여 친히 육신을 입어 인격을 가 진 한 인간으로 우리를 찾아오셨듯이 우리도 우리가 알고 있는 사람들, 특히 절실한 필요를 느끼고 있는 사람들을 찾아가 그들과 함께 있으면서 필요한 도움을 제공하라는 명령을 받고 있다.

우리의 목자장이신 예수님이 아흔아홉 마리의 양을 두고 잃어버린 한 마리의 양을 찾아다니듯이 목(자)사들도 안전한 양 떼들을 두고 위험에 직면한 잃은 양들을 찾아 나서야 한다(마 18:12). 사람들을 심방하는 것은 그리스도를 통한 하나님의 인간 심방의 모델을 따라 잃은 양을 찾으며, 죄를 구속하며 고통을 치료하는 교역의 한 가지 방법이다.

심방 또는 방문을 의미하는 단어는 파카드(히브리어), 에피스코페오(헬라어), 비지따레(라틴어)이다. 이 단어들은 "시험하여 검토하고 증명하다"와 "모든 것이 제대로 되어 있는지 자세히 미루어 살피다"라는 두 가지의 의미를 가지고 있다.

전통적인 목회심방은 이 두 가지 요소들을 모두 가지고 있다. 즉 목사는 교인들의 가정을 심방하여 그들이 신앙 안에서 성장하고 있는지를 확인하고 검토하며, 현재의 신앙 상태와 가정의 문제들을 자세히 살피어 그에 합당한 하나님의 은총을 전달한다.

마태복음 25장 36절은 이러한 심방의 뜻을 분명하게 보여 준다. "내가 병들었을 때에 돌보았고, 옥에 갇혔을 때에 와서 보았느니라." 이 구절에 나오는 두 개의 동사, '돌보았고'와 '와서 보았느니라'는 심방자가 먼저 솔선하여 행동을 취하며 적극적으로 활동하는 것을 의미한다.

바울은 안디옥 인근에 있는 많은 사람들에게 복음을 전파한 수일 후에 바나바에게 "우리가 주의 말씀을 전한 각 성으로 다시 가서 형제들이 어떠한가 방문하자(행 15:36)"라고 말하였다. 이처럼 목자는 단순한 만남만이 아니라 계속적인 감독과 양육을 포함하는 목양적 업무이다.

양과 목자의 비유는 깊은 참여 관계를 시사한다.

목자는 조심스럽게, 그리고 지속적으로, 때로는 밤을 새워 양 떼를 지켜보며 돌보아야 한다. 목자는 적극적으로, 그리고 솔선하여 양 떼를 돌보며 지키며, 그들과 고난을 함께하는 참여의 관계를 통해서만 온전히 그 사명을 다할 수 있다. 목사의 심방은 바로 이러한 의미의 사역을 말한다.

목사라는 칭호의 어의와 직책의 정체성이 바로 심방을 전제로 하는 목양의 은유에서 왔다. 양 떼는 위험한 세상에 연약한 모습을 노출시킨 채로 흩어져 있다. 양 떼들은 목자와 함께 있을 때에만 강도와 이리에게 보호받고 신선한 물가로 인도받을 수 있다. 그래서 하나님은 이스라엘의 양 떼를 버린 목자들에게 심판을 선포하고 있다. "여호와께서 내게 이르시되 너는 또 어리석은 목자의 기구들을 빼앗을지니라. 보라. 내가 한 목자를 이 땅에 일으키리니 그가 없어진 자를 마음에 두지 아니하며 흩어진 자를 찾지 아니하며 상한 자를 고치지 아니하며 강건한 자를 먹이지 아니하고 오히려 살진 자의 고기를 먹으며 또 그 굽을 찢으리라. 화 있을진저 양 떼를 버린 못된 목자여 칼이 그의 팔과 오른쪽 눈에 내리리니 그의 팔이 아주 마르고 그의 오른쪽 눈이 아주 멀어 버릴 것이라 하시니라."(슥 11:15~17)

2. 심방의 모델 예수

하나님이 인간 역사를 방문하셨다는 성경의 중심주제는 예수님의 사역(ministry) 가운데서 기념비적으로 절정에 달한다.

누가복음은 예수를 통하여 하나님께서 친히 그의 백성을 찾아오사 구속하셨다고 기록한다(눅 1:68). 예수님의 사역 그 자체가 인간을 찾아와 고난당하는 자와 함께 있으면서 그들을 구원하는 하나님의 심방의 역사다. 우리는 그분이 어떻게 사람들을 만나고 있는지 조심스럽게 살펴봄으로써 목회심방에 관하여 우리가 알아야 할 중요한 부분들을 배울 수 있을 것이다.

예수님은 상처받고 고난당하는 사람들을 만나 직접적인 대인관계를 통하여 사역하셨다. 예수님은 상처받고 고난당하는 사람들을 만나 어떤 때는 간단하게, 어떤 때는 지속적으로 대화를 나누셨다. 이러한 개인적인 만남을 통하여 하나님의 나라가 이 땅에 동트기 시작했다. "오실 그이가 당신이오니이까. 우리가 다른 이를 기다리오리이까(마 11:3)" 하고 묻는 세례 요한의 제자의 질문에 예수님은 너희가 가서 보고 들은 것을 요한에게 고하되 "소경이 보며, 앉은뱅이가 걸으며, 나병환자가 깨끗함을 받으며, 귀머거리가 들으며, 죽은 자가 살아나며, 가난한 자에게 복음이 전파된다 하라"고 말씀하였다. 이처럼 하나님의 나라가 이 땅에 이루어지는 증거의 사건들 하나하나는 예수님과 그들의 인격적 만남 가운데서 일어난 하나님의 구원의 사건이다.

이제 예수님의 구원 사건들을 몇 가지 구체적으로 생각해 보자.

1) 예수님은 개인적으로 사람들을 만나 그들의 문제들을 해결하는 데 도움을 주셨다.

니고데모의 하나님 나라에 대한 질문(요 3:1~9), 사마리아 여인의 죄책의 문제(요 4:1~42), 백부장의 하인의 중풍병(마 8:5~13), 왕의 신하의 아들의 병(요 4:47~50), 나인성 과부의 아들의 죽음(눅 7:11~16), 가나안 여인의 귀신들린 딸의 문제(마 15:21~28), 음행한 여인의 문제(요 8:2~11) 등은 본인이나 또는 그의 대리인(깊은 사랑을 가지고 있는)이 예수님과 개인적으로 만나 대화하는 가운데서 해결을 얻었다. 부도덕한 생활패턴, 질병, 귀신들림, 죄책감, 영생에 대한 질문, 죽음의 문제 등 인간의 전반적인 문제들이 예수님과 만나 대화하는 가운데서 해결되었다.

2) 예수님의 병 고침의 사건들은 육체의 질병을 고치는 데서 끝나지 않고, 새로운 삶으로 변화되어 하나님과의 관계를 회복시키는 데까지 나가고 있다.

고침을 받은 나병환자(막 1:40~45), 여리고성의 소경 거지 바디매오(막 10:46~52), 날 때부터 소경된 예루살렘의 거지(요 9:1~12), 한쪽 손 마른 사람 (마 12:9~13), 38년 된 병자(요 5:5~15) 등은 예수님과의 관계를 통하여 병을 고칠 뿐 아니라 새로운 신앙의 삶으로 들어가고 있다.

3) 예수님은 유대와 사마리아와 갈릴리 여러 마을들을 방문하시는데, 부자든 가난한 자든, 학식 있는 자든, 무식한 자든, 그의 말을 듣고자 하는 자들을 방문하셨다.

그는 온갖 계층, 온갖 배경과 형편의 사람들을 구별하지 않고 찾으셨다. 예수님은 사두개인(마 22:23~33), 바리새인(마 12:2~6), 헤롯 당원(마 22:15~22), 로마인(눅 7:2), 열심당원(눅 6:15), 세리의 집(눅 19:1~10) 등을 구별하지 않고 방문하셨다.

4) 예수님은 바닷가(막 4:1), 우물가(요 4:6), 길가(막 10:46), 장터(마 20:3), 세관(마 9:9), 성전(마 26:55) 등 사람들이 일하거나 생활하는 일상적인 활동 장소에서 사람들을 만나 대화하고 있다.

그리고 가정이라고 하는 인간 삶의 중심지에서 사람들을 자주 만나고 있다. 세리 레위의 집(눅 5:29), 가나의 혼인잔치 집(요 2:1~12), 바리새인의 집(눅 7:36~50; 14:1~24), 마리아와 마르다의 집(눅 10:38~42), 나병환자 시몬의 집(마 26:6) 등은 예수님이 사람들을 만나 그들을 구원하는 중요한 장이 되고 있다.

예수님은 가정과 활동장소에서 사람들을 만나 그들의 당면한 문제들을 해결하도록 도울 뿐 아니라, 그들 삶의 관절과 골수에까지 뚫고 들어가 그들의 우상숭배를 노출시키고, 하나님의 현존에 대한 생생한 의식을 일깨워 하나님께서 지금 이 순간 그들 가운데 살아서 일하고 있음을 드러내었다. 그리고 예수님은 그들의 영혼을 깊이 들여다보시고 그들에게 꼭 필요한 말씀을 주시며, 그들의 심령의 아픔과 부르짖음을 경청하시고 회개와 신앙으로 그들을 부르셨다. 이러한 예수님의 심방 모델은 우리에게 중요한 심방의 요소들을 가르쳐 준다.

3. 예수님의 심방요소들
1) 예수님은 인간의 전인적인 삶에 관심을 가지셨다.

예수님이 찾아가서 만난 사람들 가운데는 영적인 문제 때문에 고난당하는 사람들이 많지 않다. 대부분의 사람들은 육체의 질병, 귀신들림, 소경, 나병, 귀머거리, 삶의 문제 등으로 고통을 당하고 있었으며 예수님은 이러한 육체적인 문제들을 만나실 때에 깊은 관심을 가지고 그 문제에 참여하셔서 구원하시고 있다. 그래서 마태는 예수님을 우리의 연약한 것을 친히 담당하시고 병을 짊어지신 분(마 8:17)이라고 선언하고 있다. 예수님은 우리 인간의 삶의 문제 전반에 깊숙이 개입하셔서 그곳에 하나님의 권능을 베푸시고 하나님의 구원을 이루시고 있다. 그러므로 목회심방은 인간의 전인적인 삶의 모든 차원을 하나도 간과함 없이 깊이 관심을 가져야 하며 그 문제에 동참하여 하나님의 구원을 드러내어야 한다. 즉 하나님의 구원은 죄에서의 구원뿐 아니라 구체적인 모든 삶의 문제에서의 구원을 포괄해야 하는 것이며 심방은 이러한 포괄적인 하나님의 구원이 일어나는 장이다.

2) 예수님은 모든 계층의 사람을 구별하지 않고 만나셨고 찾으셨다.

예수님은 그 당시 유대인들이 만나기를 꺼려하는 나병환자를 만나주셨을 뿐 아니라 그 위에 손을 얹고 고쳐 주셨으며(막 1:40~45), 사람들이 보기 싫어하는 소경의 눈을 마주 보고 그의 눈을 고쳐 주셨으며(막 10:46~52), 경건한 유대인들과 바리새인들이 공식적으로 교제를 금지시킨 세리들의 집에 들어가 함께 먹고 마셨다. 예수님은 죄인, 창녀, 귀신들린 자, 병자, 가난한 자들을 구별하지 않았을 뿐 아니라 바리새인, 사두개인, 헤롯 당원, 로마인, 열심당원들까지도 구별하지 않고 찾아가 만나셨다. 예수님은 자신의 주장이나 생각과 다른 사람들도 만났으며, 돌에 맞아 죽어야 할 죄인들도 만나셨고, 이방인들에게까지 구원의 은총을 베푸셨다. 그러므로 목회심방은 자기나 관심을 갖고 있는 양 떼들만 만나는 것이 아니라, 모든 계층과 정치적 장벽들과 경제적 이데올로기와 사회적 신분을 뛰어넘어 하나님의 도움이 필요한 사람들을 솔선하여 찾아가 도와야 할 것이다.

3) 예수님이 가정심방에 중점을 둔 것은 사실이나 가정이라는 콘텍스트만을 고집하지 않으시고 사람들이 활동하고 움직이는 삶의 현장에서도 사람들을 만나 상담하며 하나님의 구원을 선포하셨다.

예수님은 바닷가, 우물가, 길가, 장터, 세관, 성전 등 심각한 고민을 안고 도움을 기다리는 사람들이 있는 곳이면 어디든지 찾아가서 그들을 도와주었다. 예수님은 어떤 때에는 공식적인 초청을 받고 심방하였으나 대체로 장소나 형식에 매이지 않고 고난당하는 사람을 만나면 어디서든지 그와 대화를 나누며 치유하셨다.

이처럼 목회심방은 계획적이어야 하나 형식을 뛰어 넘어 고통당하는 사람들이 있는 곳은 어디든지 심방의 장소가 되어야 하며, 무소부재하신 하나님을 증거하고, 그분의 구원을 선포해야 한다.

4) 예수님은 사람들을 만날 때에 먼저 사람들의 문제를 파악하고 그들의 문제에 따라 구체적으로 응답하셨다.

예수님은 모든 사람을 하나님께 인도하여 하나님의 능력을 체험하고 하나님과 올바른 관계를 갖게 하려는 근본 의도를 가지고 계셨으나 문제에 대한 대처 방식은 언제나 구체적이었다. 즉 예수님은 먼저 사람들의 구체적인 상황을 듣고 파악하는 데 힘썼으며, 그 상황에 합당하게 응답하고 있다. 이것은 오늘날 목회 심방에 중요한 도전을 제공한다. 오늘의 심방 패턴은 주로 교역자가 미리 준비한 메시지를 예배를 통하여 먼저 전달하고 그 후에 교인들과 교제의 대화를 나눈다. 목사가 아무리 심방하기 전에 그 교인의 문제를 바로 파악하고 있었다고 해도 그 교인 삶의 구체적인 상황과 심령에 참여하기 위해서는 함께 대화를 나누지 않으면 불가능하다. 그러므로 목사가 합당한 심방을 하기 위해서는 두 가지의 준비가 필요하다.

첫째로는 대화의 기술(상담의 기술)을 먼저 익혀 어느 교인들과 만나든지 간에 그들과 대화를 통해 그들의 마음에 공감적으로 참여하여 그들의 문제와 상황을 구체적으로 파악해야 한다. 아무리 유능한 의사라도 먼저 환자의 병을 제대로 파악하지 못한다면 올바른 처방을 할 수 없을 것이다.

둘째로 대화를 통하여 파악한 구체적인 상황과 문제와 마음에 합당한 적절한 말씀의 선택이다. 아무리 문제 파악을 잘하였다 해도 그 문제에 합당한 말씀을 찾아낼 수 없다면 올바른 심방이 불가능할 것이다. 이것은 목사가 성경 말씀에 정통해야 함을 의미한다. 예수님의 비유의 말씀처럼(마 13:51~52) 천국의 서기관된 일꾼인 목사는 집주인이 창고에서 새것과 옛것을 내어오듯이 신약과 구약 성경에서 자유로이 말씀을 내어올 수 있을 정도로 말씀에 정통해야 한다. 그래야 문제를 파악했을 때에 곧바로 그에 합당하고 적절한 하나님의 말씀으로 응답할 수 있을 것이다.

4. 심방상담의 몇 가지 지침들

목회심방은 교인들을 찾아가서 그들과 인격적인 대화를 통하여 그들 삶의 현장에 공감적으로 참여하고 그들을 고난 가운데서 건져내시는 하나님께로 인도하는 것이기 때문에 원리에 따라서 몇 가지 지침에 유의해야 할 것이다.

1) 모든 심방은 구체적인 교인 삶의 현장을 찾아가는 것이다.

그 교인은 다른 교인과 다른 독특한 인격을 가진 교인이요, 특수한 상황 가운데 있는 교인이다. 그러므로 우리는 그 개인의 인격적인 독특성과 상황의 특수성에 조심스럽게 귀를 기울여야 한다.

그 교인에게는 자신만이 가지고 있는 문제와 감정이 있기 때문에 목사는 먼저 그의 독특성과 특수성을 인식하고 있는 그대로 수용하며 그의 심령에 귀를 기울여 듣는 자세를 갖추어야 한다. 먼저 들음이 없이 말씀을 전하거나 처방을 내리는 것은 지극히 위험하다. 그것은 교인의 독자성을 인정하지 않는 것이기 때문이다.

2) 목회대화는 교인의 자유를 침해하지 않는 정도로 충분히 간접적으로, 그리고 교인에게 충분한 자유를 허용하면서 나눠야 한다.

그러나 그에게 충분히 친밀감을 보이며, 깊은 영향을 줄 만큼 직접적이어야 한다. 목사는 그의 영적 성장에 깊은 관심을 가지고 있다는 사실을 그 교인이 깨닫게 해야 한다. 그러나 목사가 교인을 간섭하는 정도로 지나치게 직접성을 가질 때에는 그 교인의 인격성을 침해하는 잘못된 결과를 얻게 될 것이다.

3) 목회심방은 제사장적인 위로의 대화여야 하지만 목사의 예언자적인

과제도 결코 간과해서는 안 된다.

훌륭한 목사는 도전하고 깨우치는 일도 진실한 사랑의 한 부분임을 인식하고 있어야 한다. 교인들과 충돌을 피하기 위하여 위로나 격려만이 능사인 것처럼 행하는 목회심방은 진실한 사랑을 온전히 하고 있다고 할 수 없다. 죄를 짓고서 뉘우치며 회개하는 교인에게는 위로와 격려와 하나님의 용서를 선포할 것이요, 죄를 짓고도 그 죄를 깨닫지 못하고 회개할 줄 모르며, 멸망을 향해 달려가는 교인들에게는 깨우쳐 주며 죄를 지적하고 도전할 수 있어야 한다. 그러나 이러한 도전의 전제조건은 그 교인과 목사가 먼저 친밀한 인격적 관계형성이 되어 있어야 한다. 그 교인이 저 목사는 나를 위한다는 인식이 든 후에 도전의 사랑을 전달해야 한다.

4) 목자가 심방하는 것은 교회로부터 위탁받은 사명을 수행하는 것이다.

그러므로 목사는 교회를 대표한 권한과 권위를 가지고 교인을 만날 것이요, 목사 개인의 능력과 성향과 권위에만 의존할 것이 아니다. 그리고 목사는 지교회만을 대표하는 것이 아니다. 목사의 안수가 그리스도를 대신한 사명자로서의 권위와 사명부여라면 목사는 전체 교회로부터 사명을 위임받은 것이다. 그러므로 목회심방은 목사 자신을 포함해서 전체 교회와 나아가서 그리스도께서 그 교인을 염려하고 돌보고 있음을 전달하는 것이어야 한다.

5) 목회대화는 친밀한 교제의 대화여야 한다.

심방은 목사와 교인간의 친밀한 인격적인 대화요, 마음과 마음이 만나는 공감의 대화요, 상호위로하고 격려하는 사랑의 나눔이다. 그러나 목회대화가 여기에서 머물러 더 이상의 진전이 없다면 그것은 인간들끼리의 사교적인 대화로 끝나고 말 것이다. 교인과 목사와의 인간적인 관계 발전에는 도움을 줄 것이나 진정한 의미에서 영적인 목회대화라고는 할 수 없을 것이다. 우리는 친밀한 교제의 대화를 통하여 그 교인이 그리스도 중심의 삶을 발견하고 성령 안에서 하나님과 친밀한 관계를 발견할 수 있게 도와야 할 것이다.

6) 목회대화는 폴 틸리히가 말하는 궁극적인 목표와 예비적인 목표를 같이 달성하도록 노력해야 한다.

인간은 누구나 현실적인 삶의 문제와 그로 말미암아 발생한 고난에서 구원받기를 원한다. 삶의 구체적인 문제들은 육체적인 것일 수도 있고, 정신적, 경제적 또는 사회적인 것일 수도 있다. 이러한 예비적인 문제로 오는 고난에서 교인을 구원해 내는 것은 심방의 중대한 목표다. 그러나 이러한 예비적인 문제와 고난은 그 속에 궁극적인 질문을 내포하고 있으며 하나님과의 올바른 영적인 관계를 회복하지 못한다면 결코 해결될 수 없는 것이다. 그러므로 목사는 교인들의 구체적인 삶의 문제에 참여하여 그들의 예비적인 문제를 도와 나가면서 그들과 하나님과의 영적인 관계 회복에 힘을 기울여야 할 것이다.

5. 심방의 실제

1) 목사는 철저한 심방계획을 작성하여 그 계획에 따라 실행해야 한다.

2) 그러나 목사는 항상 성령님께 자신을 개방하여 성령님이 인도하시는 대로 어느 가정을 심방하고 싶은 마음이 들 때 따를 수 있는 준비를 갖추어야 한다.

3) 심방한 후에 간단히 그 결과를 기록하고 그 교인의 영적 성장에 대한 의견서를 그 교인에게 보내는 것이 좋다.

4) 목사는 교인 사정을 알되 절대로 비밀을 보장하여 그 교인의 허락 없

이 교인의 사정을 발설해서는 안 된다.

5) 시간 조정을 잘하여 심방만 하는 목사가 되거나 연구와 다른 활동만 하는 목사가 되어서는 안 된다.

6) 심방은 그리스도의 이름으로 할 것이요, 그리스도의 사랑으로 교인들을 돌볼 것이다.

7) 목사는 교인들이 당황하지 않도록 배려할 것이다.

8) 어떤 심방은 말보다도 함께함이 더 중요할 수 있다. 말의 힘을 너무 신뢰하지 말고 함께함의 능력을 살릴 수 있어야 한다.

9) 교인들의 상태를 파악하고 그 교인의 도덕적인 욕구가 무엇인지 파악하여 응답할 것이다.

10) 중보 기도의 중요성을 인식하여 가정식구들의 필요에 따라 응답하는 기도를 드릴 것이다.

6. 심방할 때 필요한 성구

함께하시는 하나님 -사 41:10

여호와가 나의 생명의 능력 -시 27:1

예수님을 찾은 환자 가족 -요 11:2~3

병 낫기를 위한 기도 -약 5:14~16

하나님이 나의 목자이심 -시 23

병든 자를 고치시는 하나님 -약 5:13~18

강건하라 -단 10:18~19

환난 날에 부르라 -시 50:15

앙망하면 새 힘 -사 40:29~31

고난의 유익 -벧전 5:10

큰 믿음 -마 15:22~28

믿음으로 건강 회복 -막 5:25~34

지켜 주시는 하나님 -시 121

함께하심 -시 71:5~9

(7) 속회공과 사용법

속회공과를 근거로 하여 속회예배를 인도하는 일은 쉬운 일이다. 그러나 어떤 예배든지 속장이 기도로 준비하지 않으면, 성령의 역사하심을 체험하지 못한다. 성령의 감동이 있는 예배가 은혜 충만한 예배다. 따라서 속회예배에도 성령의 간섭하심이 있어야 하므로 속장이 속회공과를 사용하는 방법 중 가장 탁월한 방법은 기도로 준비하는 것이다.

① 공과의 전체 흐름을 먼저 파악하라.

② 어떻게 인도할 것인가에 대한 상상을 하면서 잘 소화가 안 되는 부분은 묵상하며 연구하라.

③ 속회공과는 읽으라고 있는 것이 아니다. 중심 내용을 파악한 후 대화를 이끌어내기 위한 도구로 사용해야 한다.

④ 대화로 이끌기 어려운 경우는 먼저 전체를 속회원들과 조금씩 나누어 읽게 한 후에 속장이 돌아가면서 느낀 점을 말하게 하라.

⑤ 속장은 순서에 따라 이끌면서 속회원들의 생각과 신앙의 고백을 이끌어내야 한다. 문제나 기도제목들이 있으면 함께 기도하며 영적인 연합을 통한 돌봄을 실천하는 것이 속회다.

⑥ 속회는 성경공부 모임이 아니다. 그러므로 속장은 성경공부식으로 문제를 다 풀면 끝나는 것이 아니다. 목자인 속장은 내 속회원들의 신앙의 성화를 위하여 이끌어주는 도구로 속회공과를 이용하는 것뿐이다. 이 과정을 통하여 속장은 속회원들의 신앙의 문제나 수준 등을 담임목사에게

잘 보고하여 담임목사의 목회에 목회파트너십을 수행하는 것이다.

⑦ 속회는 예배드리는 모임이 아니다. 우리의 삶 전체가 예배여야 한다는 뜻으로 볼 때는 예배도 포함되지만, 속회의 본래 목적은 성화를 위한 도구와 방편으로 사용된 것이었기 때문에 형식 아닌 형식을 통하여 삶을 나누고 돌봄을 실천하고 상호영적 책임을 지는 방법을 통하여 그리스도의 장성한 분량에 이르기까지 성장하기 위한 것이 속회의 정신이다. 그런데 예배에만 매이거나 성경공부에만 매인다면 영혼 없는 몸과 같이 중심을 잃어버린 속회이고 성도들의 신앙은 성숙하지 못하는 결과를 가져오게 된다. 그렇게 되면 가장 큰 어려움을 당하는 것은 성도들 자신이고 둘째는 담임목사다. 영적인 어린아이들을 데리고 목회하는 것은 얼마나 피곤한 일인지 모른다.

속회공과를 사용하기 위해서는 다음의 안내를 잘 읽어 사용하면 된다.

① 나눔의 시간 – 속회원들이 모이자마자 찬송을 부르며 예배를 시작할 수 있지만, 속회원들의 마음 문이 닫힌 상태에서 속회를 진행한다면 은혜롭지 못한 예배가 될 것이다. 따라서 예배 전에 속회원들의 근황을 살피는 짤막한 시간을 갖는 것이 필요하다. 한 명씩 돌아가며 지난 한 주 동안에 일어난 크고 작은 일들을 짧게 나눔으로써 마음 문을 여는 시간을 가진다.

예) "지난 한 주 동안 어떻게 지내셨나요? 예배 전에 가정이나 일터에서 일어난 기뻤거나 슬펐던 일들을 잠깐 나누는 시간을 갖겠습니다."

② 마음 열기 – 나눔의 시간이 지난 한 주간의 삶을 확인하고 점검하는 시간이라면 마음 열기는 지난 시간에 실천 과제로 내준 말씀을 삶에 적용했는지에 대해 확인하는 시간이다. 한 주간 동안 말씀대로 살았는지를 점검함으로써 성숙한 제자로 성장하도록 독려하는 시간이다. 이것은 웨슬

리 속회에서 직고에 해당하는 것으로 간증이나 나눔을 통하여 죄에 대하여 유혹에 빠졌던 것이나 해결 방법 등을 나눔으로 성결한 삶으로 유도하기 위한 것이다.

③ 묵도(조용한 기도) - 성경 구절이나 기도문을 작성해 가지고 와서 활용한다.

④ 찬송 - 공과에 있는 대로 찬송 두 곡을 부른다.

⑤ 기도 - 속회원 중 한 명이 기도하되, 기도 순서를 미리 정하여서 돌아가며 하도록 하고, 기도를 맡은 사람은 꼭 기도문을 작성해 가지고 와서 읽도록 한다.

⑥ 성경 읽기 - 속장과 속회원들이 교독하거나, 혹은 한 명이 한 구절씩 돌아가며 읽을 수도 있다.

⑦ 오늘의 말씀 - 속장은 공과에 나와 있는 말씀을 가지고 설교를 하려고 하지 말고 모든 속회원이 나눠서 돌아가며 읽도록 한다. 이때 글을 못 읽으시는 분이 있다면 잘 배려해서 마음 상하지 않게 한다.

⑧ 헌금 / 찬송 - 봉헌에 관련된 찬송이나 오늘 주어진 말씀과 관계된 찬송을 부르되 공과에 나와 있는 대로 찬송을 부르며 헌금을 봉헌한다.

⑨ 말씀을 삶에 적용하기 - 공과에 나와 있는 말씀을 적용하는 삶을 살고자 할 때 부딪힐 수 있는 문제가 무엇이며 그럴 때는 어떻게 해결해야 하는지 체험 있는 성도들의 간증과 함께 속회원들이 가지고 있는 삶의 문제를 나눈다. 한 사람이 3분 이상은 하지 못하게 하며, 무슨 말을 하든지 비판은 하지 말아야 한다. 속장은 항상 속회원들의 나눔의 시간을 중요하게 생각하고, 진지한 경청과 함께 주제에서 벗어나면 지적하고 잡아 주어야 한다. 특히 자신의 속마음을 쉽게 내어 놓지 못하는 사람들일 경우에는 항상 속장이나 부속장이 먼저 말문을 열어야 한다.

⑩ 합심기도 / 마침기도 - 공과에 있는 기도 제목과 속회원들의 개인적

인 기도 제목을 가지고, 삶을 나누며 드러난 여러 가지 문제를 가지고 기도한 후 속장이 마지막 기도를 한다. 이때 드려진 헌금을 위해서도 기도하고, 속회원들의 가정과 생업현장, 그리고 자녀들을 위한 축복기도를 한다. 또한 부속장이 그날 적어서 건네 준 기도의 제목들을 가지고 기도한 후 주님의 기도로 예배를 마친다.

(8) 속회 인도하는 법

속회공과를 활용해 속회예배를 인도할 때 속장은 모이기 전에 반드시 만남의 심방을 통하여 속회원들의 상황을 파악하고 각자 기도제목을 준비하도록 시키며, 한 주에 한 사람씩 좋아하는 찬송을 물어보고, 좋아하게 된 동기 등을 미리 파악한다. 쉬운 대로 전화심방을 하는 것이 속회 실패의 원인이 되기도 한다. 속장은 부속장과 함께 사전에 예배를 준비하고 기도제목, 기도자, 나눔의 시간을 위한 준비 등을 철저히 하고, 속회원들의 생일이나 결혼기념일에는 축하를 준비한다.

속장과 부속장은 항상 속회 드리는 장소에 먼저 가서 속회원들을 영접한다. 이때 속회를 드리기 위해 들어오는 속회원들을 반갑게 맞이하는데 악수를 하거나 안아주거나 등을 두들겨 주며 인사하며 속회원 한 사람, 한 사람의 장점을 찾아내어 칭찬해 준다. 만약 속장이 기분이 안 좋으면 기도하며 감정 조절을 잘해야 한다. 그렇지 않으면 그 주의 속회는 망친다.

속장이 속회원들에게 한 주간 어떻게 지냈는지 묻고 속회원이 대답하면 부속장은 그 내용을 잘 메모했다가 속장이 속회예배 마지막 목회기도를 할 때 메모한 것을 속장에게 주어 기도하게 한다.

속회원이 다 오지 않아서 예배를 시작하기 전 찬양을 한 곡 부를 때 "우리 뭐 부를까요?" 말하지 말고 이미 파악하고 있는 속회원이 좋아하는 찬송을 부른다. "찬송가 ○○장은 ○○ 성도가 좋아하는 찬송인데, 이 찬송을 ○○ 성도가 좋아하게 된 동기는 이렇습니다. 우리도 동일한 은혜를 사모하며 함께 부르겠습니다." 하고 소개하며 찬송을 부른다. 또한 공과에 나와 있는 나눔 시간과 마음 문 열기의 질문을 통해 서로 대답을 하며 예배드리기 전 마음의 문을 열고 예배드릴 수 있게 한다. 그런 후에 속회원이 다 참석하면 예배를 시작하는데 딱딱하게 "○○년 ○월 ○일 속회예배를 시작하겠습니다. 다 같이 조용한 기도 하겠습니다." 이런 식으로 시작하지 말고 부드러운 멘트를 준비한다.(예: "다 모인 것 같은데 저는 오늘 여러분에게 또 한 분의 속회원을 소개하고 싶습니다. 바로 우리 예수님이십니다. 우리 다 같이 눈을 감고 이 자리에 계신 예수님을 느껴보시기 바랍니다.")

그 이후에는 공과를 활용하며 예배를 인도하면 된다.

2) 속장교육 2차(매주 금요일 새벽)

교회형편에 따라 하루에 세 번도 할 수 있겠지만 가장 좋은 것은 금요일 새벽기도를 활용하는 것이다.

(1) 금요일 새벽시간에 속장교육 출석부 현황표를 벽에 크게 만들어 붙인다. 전반기 후반기를 나누어 점검하면 효과적이다.

(2) 본인들이 스티커를 붙이게 한다.

(3) 교구 목사나 전도사는 금요일 새벽 모든 수단을 이용하여 속장들을 참여시킨다.

(4) 새벽설교도 속장을 위한 설교를 준비하여 20~25분에 마치고 속장들을 전부 강단 앞으로 불러내어 목양위임안수기도를 한다.

(5) 담임목사는 30분 동안(오전 6시 전) 속장들이 사역해야 할 내용들을 구체적으로 준비하여 강의하고 자료를 제공한다. 혹은 담임목사의 목회철학이나 목회파트너로서 나누어야 할 것들을 함께 나눈다.

(6) 6월과 12월 연합속회나 수련회 때 출석상을 주고 격려한다.

〈교육내용 1〉

주제: 기도로 돌보는 방법

우리는 보이는 것에 너무 익숙해져 있고 감각적인 것만 믿는 데 학습이 되어 있어서 영적인 세계를 움직이는 능력의 손인 기도에는 크게 의존하지 않는다. 이제부터 속장은 영적인 능력의 손인 기도를 통해 돌보는 방법을 배워갈 것이며 성령님과 교통하고 함께하는 사역의 기쁨을 맛볼 것이다.

1. 주님의 약속

　마 16:18~19 - 천국 열쇠

　마 18:18~20 - 땅에서 매면 하늘에서도 맬 것이요

　요 14:16~17 - 또 다른 보혜사

　요 14:26 - 성령 그가 … 모든 것을 가르치고 … 생각나게

　요 16:7~13 - 실상을 말하노니 … 떠나가면 보내리니 … 죄, 의, 심판

　요 16:24 - 지금까지는 구하지 아니하였으나

2. 기도로 돌봄을 실천했던 증거들

　하나님 - 눅 22:43 천사를 보내 돕다

　예수님 - 눅 22:31~32 시몬아 … 기도하였노니

　예루살렘교회 - 행 12:5 교회는 간절히 기도하더니

　바울 - 행 20:19 에베소교회에서의 눈물의 사역

3. 기도로 가슴에 품으라

　암탉이 그 날개 아래에 알을 품는 것같이 품으면 영적 온도가 올라간다.

당신의 기도 온도가 올라가기 시작하면 생명이 싹튼다.

갈 4:19 - 해산의 수고

4. 기도로 다듬어라

까투리같이 말썽부리는 속회원을 기도로 다듬어라.

성령의 도우심을 구하면서 구체적으로 주님께 간구하면 자신도 모르게 변한다.

5. 기도로 천사들을 동원하라

성경에는 수많은 예들이 있다.

히 1:7, 14

단 10:12~21

6. 기도로 축복하라

창 27:30 - 이삭이 야곱에게 축복하기를 마치매

창 32:26 - 야곱이 이르되 당신이 내게 축복하지 아니하면

민 6:27 - 그들은 이같이 내 이름으로 이스라엘 자손에게 축복할지니

민 23:20 - 내가 축복할 것을 받았으니

막 8:7 - 또 작은 생선 두어 마리가 있는지라 이에 축복하시고

롬 12:14 - 너희를 박해하는 자를 축복하라 축복하고 저주하지 말라

히 12:17 - 너희가 아는 바와 같이 그가 그 후에 축복을 이어받으려고 눈물을 흘리며 구하되 버린 바가 되어 회개할 기회를 얻지 못하였느니라

〈교육내용 2〉

주제: 생활로 돌보라

성경: 누가복음 10:30~37

속회의 목적은 성경공부도 아니고 예배도 아니다. 삶 속에서 성화를 이루어가기 위한 방편으로 조직된 것이다. 그러므로 생활신앙에 초점을 맞추고 삶이 변하고 영적인 거룩함으로 성장해 가기 위해 서로 돌봄이 필요함을 느끼고 또한 그렇게 돌봄의 사역을 서로 펼쳐 함께 그리스도를 닮아가는 것, 그것이 속회의 진정한 목적이다.

그렇다면 '이웃을 네 몸과 같이 사랑하라'는 주님의 명령을 정확히 이해하는 것이 중요하다. 본문에 나오는 제사장이나 레위인 그룹은 성도들을 의미하는데, 그들은 자기가 좋아하는 사람만 사랑하는 모습으로 잘못된 이웃 사랑을 보여 준다. 그러면서 예수님은 나의 도움이 필요한 모든 사람은 내 이웃이라고 하신다.

사마리아 사람의 비유에서 사마리아 사람을 통해서 보여 준 참 이웃 사랑에는 몇 가지 중요한 특징이 있다.

① 그 대상에 제한이 없다. 다만 그가 강도 만나 거반 죽게 되었다는 것 외에는 그에 대한 언급이 없다. "남에게 대접을 받고자 한대로 너도 남을 대접하라"는 황금률에 따른 것이라 볼 수 있다.

② 사람에게 보이기 위한 것이 아니었다. 그는 다만 왼손이 하는 것을 오른손이 모르게 한 것이다.

③ 이 사랑은 전혀 일방적이다. 사랑받을 만한 자격이 있는가는 전혀 상관이 없고 그가 그 은혜를 알아 줄 것인가에 대해서도 전혀 상관하지 않는다. 다만 상대편은 당장 나의 도움이 필요하다는 것만을 생각하고 일방적으로 사랑한 것이다.

④ 자기 위험을 무릅쓰고 희생을 감당한 사랑이다.

⑤ 그 사랑은 무한하고 끝까지 사랑하는 사랑이다. 여관 집주인이 끝까지 돌보도록 모든 책임을 다하겠다고 확인시켜 주고 당부했다. 이제 그만큼 했으면 내가 할 일은 다했다고 여길 수도 있다. 그러나 그는 완전히 회복되기까지 모든 것을 다 책임져 주겠다는 것이다.

⑥ 무조건적인 사랑이다. 그에게 사랑을 받을 만한 것이 아무것도 없었다. 상처가 나서 벗겨진 사람이라니 얼마나 부담스러운가?

자, 이제 여러분은 내 속회원들을 돌보는 일에 어떻게 할 것인가? 1차적으로는 속회원들이고, 다음에는 그들과 함께 영적인 강도 만난 이웃들을 돌봄으로 전도하는 것이다.

자상한 어머니는 사랑하는 딸에게 무엇을 가르칠까? 속장은 영적인 돌보미여야 하므로, 주님의 자녀들인 속회원들이 성숙하고 건강하게 돌볼 책임이 있다. 그러므로 적어도 이런 내용들을 가르쳐 주어야 한다.

첫째, 신앙의 우선순위가 무엇인가를 가르치며 보여주라.

둘째, 힘든 일을 당할 때 말보다는 행동으로 사랑하며 돌보라.

셋째, 일주일에 한두 번은 직접 사는 것을 보고 돌볼 것이 무엇인지 찾아라.

넷째, 돌봄이 가장 필요할 때는 강도 만난 것이다.

육신의 강도 – 질병 / 생활의 강도 – 생활문제

물질의 강도 – 사업실패 혹은 직업문제 / 영적인 강도 – 신앙의 실패와 사탄의 시험

<교육내용 3>

주제: 목자로 돌보라 1

성경: 요한복음 10:11~18

바람직한 속회는 예배뿐만 아니라 양육과 훈련, 섬김과 친교, 기도와 전도 등의 사역이 함께 이루어지는 곳이다. 즉 속회는 예배의 기능을 넘어서 작은 교회로서 목회가 이루어지는 교회의 목회현장이다. 따라서 속회와 속회원에 대한, 속장의 역할에 대한 인식도 달라져야 한다.

속회를 교회의 중요한 소목회 현장, 즉 목장으로 이해하면 속회원은 양이 되고 속장은 목자가 된다. 속장도 속회와 속회원에 대한 목자로서 우리의 참 목자 되신 주님을 닮아가도록 노력해야 한다.

1. 속장은 목자로서 직무를 다 해야 한다.

1) 양을 알아라

목자로서 속장의 사명은 양인 속회원을 아는 데서부터 출발한다. 목자가 양을 안다는 것은 체험적으로 섬세하게 아는 것을 뜻한다.

첫째, 양의 신앙 상태이다. 신앙의 깊이와 경륜, 하나님과의 관계, 예배생활의 집중 정도, 봉사생활의 충성심 정도, 말씀과 기도를 통한 경건의 정도, 성장을 위한 신앙의 열정 등을 잘 알아야 한다. 목자가 양의 신앙상태를 알아야 양이 먹을 수 있는 적절한 꼴을 공급할 수 있다.

다 자란 어미 양에게 먹여주는 꼴을 어린 양에게 주면 어린 양은 보고도 먹지 못한다. 양을 제대로 알지 못하면 이렇게 미련한 일을 할 수 있는 것이다. 반대로 어미 양에게 이유식을 먹이는 것도 미련한 일이다. 또 양의 신앙 상태를 알아야 양이 신앙적으로 감당할 수 있는 봉사와 섬김을 요구할 수 있다.

둘째, 속회원 개인의 성격과 습관, 은사, 소망 등을 알아야 한다. 속회는 교회의 전체 목회와 달리 속회원과 어느 정도 개인적인 관계를 유지하는 가운데서 이루어지기 때문에 속장은 목자로서 이런 것들을 알아서 양들을 적절하게 돌보아야 한다.

셋째, 속장은 속회원의 가족과 가정 형편에 대해서 알아야 한다. 속회 활동은 지역 내 가정을 중심으로 이루어지므로 속회원의 가족과 가정에 대한 상황은 돌봄 사역에서 중요한 정보가 된다. 특히 속회원의 가족과 가정에 대한 적극적인 섬김과 중보 기도는 속회원이 그리스도의 사랑을 느끼며 소속감을 갖는 아주 중요한 수단이다. 이것은 또한 속회원의 가정 복음화로 이어진다.

넷째, 속회원의 상호관계에 대해서도 잘 알아야 한다. 그래야만 속회원 상호간에 불편한 점이 발생되는 것을 미리 막을 수 있으며 또 속회 활동을 서로의 깊은 사랑 속에서 할 수 있다.

다섯째, 속회원이 지역에서 어떤 인간관계를 맺고 있는지 유심히 살펴보아야 한다. 이것은 속회원의 전도훈련에 아주 좋은 정보가 된다.

2) 양을 인도하라

속장이 목자로서 좋은 인도자가 되기 위해서는 속회원을 어디로 인도할지에 대한 올바른 판단이 있어야 한다. 구역이 푸른 초장이 되고 쉴 만한 물가가 되어 속회원들이 풍성한 은혜와 생수를 마음껏 받아 누릴 수 있게, 다음 다섯 가지 자리로 인도해야 한다.

첫째, 속회원을 예수님께로 인도해야 한다. 충만한 은혜와 생수의 근원은 예수님이시기 때문이다. 예수님을 구주로 인격적으로 만나면 누구나 은혜 위에 은혜를 입고 영원한 생수에 목마름을 느끼지 않게 된다. 예수가 그리스도시요, 모든 인생과 모든 문제의 해답이다. 예수를 만나면 모든 것이 해결된다.

둘째, 속회원들을 주님의 말씀이 있고 주님을 향하는 기도와 찬양이 있는 곳으로 인도하여야 한다. 말씀과 기도와 찬양이 있는 곳에는 반드시 은혜와 생수가 쏟아진다. 속장은 속회원이 말씀과 기도와 찬양이 있는 예배와 집회 그리고 기도회에 참석할 수 있게 적극적으로 권면해야 한다.

셋째, 속회원들을 섬김과 봉사의 자리로 인도해야 한다. 성도들은 봉사를 통해 성장할 뿐만 아니라 더 큰 은혜와 기쁨을 누린다. 구제를 하고 불우이웃을 돕는 성도들은 그렇지 않은 성도보다 훨씬 더 큰 은혜를 체험한다. 말씀과 기도의 자리, 섬김과 봉사의 자리에는 억지로라도 앉혀라. 그러면 은혜를 입고 감사하게 된다.

넷째, 전도의 자리로 인도해야 한다. 전도는 성도의 본분이다. 전도 분위기가 항상 속회를 덮고 있어야 한다. 전도를 하다 보면 주님의 십자가 사랑이 무엇인지 진하게 느끼게 된다. 또 전도하는 성도는 성령의 갖가지 은사를 체험하게 된다.

다섯째, 비전의 자리로 속회원을 인도해야 한다. 속회원들에게 하나님 나라의 비전을 보게 하고, 교회의 비전을 보게 하고, 속회와 개인의 성장에 대한 비전을 보게 해야 한다. 구체적인 비전을 보면 성도는 달라진다. 잠언 29장 18절에서는 백성이 묵시(비전)가 없으면 방자히 행한다고 했다.

〈교육내용 4〉

주제: 목자로 돌보라 2
(양을 지키는 방법)

웨슬리 목사님은 속장을 영적인 경찰관과 같다고 하였으며 당시에도 성도를 이단으로부터 지키기 위하여 각별히 신경을 쓰고 훈련하였다. 심지어 이단이 의심스러우면 자신이 먼저 직접 가본 후에 경고하기도 했다.

첫째, 이단으로부터 양을 지켜라.

이단은 교회 예배 속에 침투하기보다는 한두 명의 성도를 통해 속회 모임 안으로 침투하기가 쉽다. 속회는 교회의 예배당과 교역자의 울타리 밖에 있기 때문에 이단들이 접근하기 쉽다. 이단은 처음에는 소리 없이 쉬쉬 하면서 한 명 한 명 유혹해 간다. 사랑의 가면을 쓴 이단에 초신자들은 쉽게 넘어갈 수도 있다.

속장은 양들을 지키고 자신을 견고히 하기 위해서 이단에 대한 교육과 이단에 대처하는 방법에 대해 자세히 교육 받아야 한다. 속회원이 이단에 빠졌다고 의심이 갈 때는 교회에 즉시 보고하여 적절한 조치와 특별한 관리를 받게 해야 한다. 이단에 대해 무엇보다도 중요한 것은 사전 예방이다.

둘째, 악한 세력 악한 영향력으로부터 양을 지켜라.

교회를 약화시키고 성도들을 무너뜨리려는 사단의 역사는 집요하고도 다양하다. 교회 안에서도 교회를 교회되지 못하게 하는 세력들이 있다. 또 교회를 사욕에 의해서 분란시키는 세력들도 있다. 속장은 속회원들이 이들의 악한 동기와 영향력에 물들지 않게 세심한 주의를 하여야 한다. 속장은 건강한 교회, 건강한 성도가 되도록 목회일선의 영적 감시자가 되어야 한다. 속장이 건강한 영적 눈을 갖지 못하면 교회와 성도의 건강성도 그만큼 위태로워진다.

셋째, 세속의 유혹에서 양을 지켜라.

세속의 가장 큰 유혹은 성결치 못한 생활과 불의한 생활과 탐욕적 생활이다. 성도와 교회의 힘과 권위는 성결과 의로움에서 나온다. 교회와 성도가 이것을 잃어버리면 밖에 던져져 길거리에서 아무에게나 밟히는 맛 잃은 소금과 같아진다.

도덕성과 정직은 교회와 성도의 무기가 되어야 한다. 도덕성과 정직의 회복이 교회와 성도로부터 시작되어야 한다. 속장은 사명을 가지고 이 일에 앞장서야 한다. 속장은 이단과 악한 세력뿐 아니라 거세게 몰려오는 세속의 잘못된 유혹에서 양 떼를 보호해야 한다.

넷째, 이런 자세로 양을 지켜라.

시편 23편 4~5절에서는 목자 되신 여호와께서 사망의 음침한 골짜기와 원수의 목전에서도 양을 안위하여 상을 베푸시고 기름을 부으시는 모습이 나와 있다. 요한복음 10장 15절에서는 "나는 양을 위하여 목숨을 버리노라"는 예수님의 말씀이 나온다. 예수님은 어떤 어려움과 핍박이 있어도 양을 포기하지 않으셨다. 양을 위해 목숨을 바친 예수님의 모습이 목자의 수고다. 히브리서 13장 20절에서 우리 주님을 양의 큰 목자라고 했다. 속장은 큰 목자 되신 예수님을 따라가는 작은 목자들이다. 양을 위해 목숨을 버리노라는 주님의 말씀에 도전을 받아야 한다.

양을 돌보는 방법

첫째, 가슴으로 양을 느껴라.

속장은 속회를 위해 세워진 평신도 목회자다. 목자에게는 양을 어루만지며, 기르고, 돌보는 역할이 있다. 속장이 양을 돌보기에 소홀함이 없는 목자가 되기 위해서는 먼저 속회원들의 마음속에 들어가 그들의 마음을 가슴으로 느낄 수 있어야 한다. 가슴의 교통함이 없는 돌봄은 시장거래와 다를 바 없다. 속회원의 아픔과 고통을 속장은 가슴으로부터 느낄 수 있어야 한다.

둘째, 특별히 헌신하라.

속장이 목자로서 속회원을 잘 돌보기 위해서는 속회원에 대한 특별한 헌신이 있어야 한다. 양에 대한 시간, 물질, 사랑, 말씀, 기도에 대한 특별한 헌신이 없으면 양에 대해 목자로서 배려와 보살핌이 어려워진다. 양은 그냥 두면 얼마든지 그릇 행하여 각기 제 길로 갈 수 있다(사 53:6). 목자는 양을 위해 나태해서도 안 되고 아까워해서도 안 된다. 정성을 다해야 한다. 속장은 속회원을 위해 열심을 내고 내 것으로 헌신할 수 있음에 감사하고 기뻐해야 한다.

셋째, 구역원이 잘 자라도록 하라.

속장의 큰 사명 중 하나가 속회를 통해 사람을 세우는 일이다. 그렇기 때문에 속장은 속회원의 영적인 단계를 잘 파악해서 현재 필요한 양육과 훈련, 그리고 앞으로 성장하고 사역하는 데 필요한 양육과 훈련을 받을 수 있게 속회에서도 잘 돌봐주어야 하며 교회의 양육과 훈련 프로그램도 적극적으로 활용해야 한다.

넷째, 속회원들에게 좋은 상담자가 되라.

성도들은 교역자 대하기를 아주 어려워한다. 속장은 이 틈새를 위한 좋은 상담자가 되어야 한다. 속장은 속회원들이 스스럼없이 대할 수 있는 관계와 분위기를 늘 만들어야 한다. 속회원들의 상담내용을 보면 아주 사소한 것부터 속장이 혼자서 상담하기 벅찬 것까지 다양하다. 어떠한 상담도 진지하게 들어주어야 한다.

상담의 이유와 상담의 내용을 제대로 파악해야 한다. 그렇지 않으면 잘못된 상담으로 오히려 문제를 크게 만들 수도 있다. 어떤 문제든지 상담은 성경적인 관점에서 진행되어야 한다. 상담한 것에 대해서는 반드시 반응을 보여야 한다. 속회에서 상담은 대부분이 생활적인 것이나 교회 생활의 적응에 관한 것들이지만, 속장이 상담하기 민감하고 어려운 것은 교회와 교역자에게 연결하는 상담 안내자의 역할을 하면 된다.

다섯째, 선하심과 인자하심으로 양을 돌보라.

시편 23편에서 목자는 항상 양을 선하심과 인자하심으로 돌본다고 했다. 목자는 양에 대해 한없는 자비와 긍휼의 마음을 가져야 한다. 양은 생각보다 단순하다. 쉽게 겁먹고 쉽게 상처받고 쉽게 낙심한다. 목자의 정감 어린 눈길과 부드러운 음성, 따스한 사랑의 손길이 양의 생명력을 더욱 북돋운다.

속장이 양들을 보살필 때도 항상 주님의 선하심과 인자하심으로 보살펴야 한다. 교회에 마음을 두지 못해 힘들어하는 초신자, 신앙의 갈등 속에 마음을 잡지 못하는 연약한 성도, 상처받은 마음을 가지고 괴로워하는 성도들은 속장의 작은 사랑과 관심 그리고 격려 한 마디로 위로받고 회복의 동기가 된다.

〈교육내용 5〉

　속장 교육은 담임목사의 무대이며 제자화하는 시간이다. 그러므로 때로는 담임목사의 목회철학이나 교회의 비전, 그리고 목양에 대한 전반적인 것들 혹은 가르치고 싶은 것들을 나누는 것도 좋다.

　또한 속장 보고서에 올라오는 내용 중에서 전체적으로 가르치고 싶은 것들을 잘 준비하여 집단 상담같이 전하는 것도 좋은 방법이다.

　아무튼 속장을 교육한다는 것은 목회파트너십의 시간이기 때문에 자유롭게 시간을 가지면서도 담임목회자의 마음을 나누며 함께 하는 시간으로 꾸며 가면 훌륭한 속장교육의 시간이 될 것이다.

1. 담임목사의 목회철학이나 비전 나누기

2. 목양칼럼이나 꼭 알려주고 싶은 책 내용

3. 속장들에게 가르치고 싶은 문제(속회보고서에서 올라온 내용)

4. 칭찬하고 싶은 이야기 등

9. 속회 운영하는 법

속회는 속장의 재량으로 이끌어가는 것이다. 속장은 목자이며 선장이다. 속장에게 자신감과 용기를 불어 넣어주고 구체적으로 일하도록 돌봐주는 것은 담임목회자의 몫이다. 속장들은 모이지 않는 것을 가장 힘들어한다. 다음 두 가지가 확실한 대처방안이 될 것이다.

1) 모임속회

속장의 열심과 잘 준비된 속회인도 그리고 정성과 사랑이 담긴 돌봄은 속도원들을 사랑의 줄에 매이게 한다. 속장은 이때 부속장을 잘 활용하여 속도원들의 상황을 간단히 메모하게 하여 마지막 축복기도 시 일일이 기도해주면 속도원들은 감동한다.

세상의 모든 일이 그렇지만 나와 관계없는 것은 관심 없고, 나를 인정하고 사랑해준다면 마음을 열고 호감을 갖기 마련이다. 속장은 모임속회에서 생활신앙과 교회의 비전을 함께 나누고 기도하게 하며 전략적인 기도를 훈련시킨다. 그리고 교회를 사랑하는 마음으로 청소구역을 정하여 함께 하도록 이끌면 좋다.

2) 심방속회

심방속회라는 것은 내가 양구교회에서 시무하며 속장들과 워크숍을 하는 중에 나온 속장들의 아이디어였다. 목사나 속장들이나 가장 골칫거리는 무단결석 하거나 온다고 해놓고 빠지는 속도원들이었다. 그러나 그런 속도원을 그냥 두거나 전화 한 마디 하는 것은 아무런 도움이 되지 않는다. 한 번 속회에 빠지면 2주를 만나지 못하기 때문에 반드시 시험 들거나 신앙의 온도가 내려간다, 속장이 직접 찾아가 5분 정도 만남을 통하여 속회공과의 내용과 오늘의 속회 분위기를 전하고 반드시 기도해주어야 한다. 그러면 첫째 속도원은 시험에 들지 않고, 둘째 미안해하며 다음에는 빠지지 않겠다고 말하고, 셋째 우리 속장님이 나를 이렇게 생각해 주시는구나 감동하며, 넷째 영적으로 리더십을 인정받고, 다섯째 언제나 100% 참석해 자긍심을 갖게 될 것이다. 이것이 돌봄의 속회가 갖는 장점이다.

10. 속장 속회 운영방법

처음 속회를 조직하고 교육을 했어도 속장들에게는 어렵다. 여전히 예전의 틀에서 벗어나지 못함으로 돌봄의 속회가 잘 운영되지 못한다. 그러므로 담임목사는 속장 속을 운영함으로써 속장들을 훈련시키고 보여주어야 한다.

1) 매주 화요일이나 목요일(상황에 맞는 요일) 속장속을 조직한다.

2) 인원은 7~10명 이내로 하고 담임목사가 직접 인도하는 것이 좋다. 교구목사가 있을 경우라도 한 번은 꼭 담임목사가 인도한 후 담임목사는 교구목사들과 직접 속회를 운영해본다.

3) 속장속을 인도할 때는 속장이 자기 속회에서 본 그대로 인도하는 것이기 때문에 목회자는 너무 장황하게 하거나 어렵게 하지 말고 저 정도는 나도 할 수 있겠다는 마음이 들게 한다.

4) 속회는 성경공부도 아니고 예배중심도 아니다. 웨슬리는 성화를 목표로 했기 때문에 돌봄과 나눔이 중요하고 전체적인 흐름은 돌보고 세워서 증인되는 구조로 흘러가야 한다.

11. 소망속 운영방법

웨슬리 당시에는 속회를 3번 이상 무단결석하면 제명하고 참회자 반에 편입시켜서 교육과 훈련을 통하여 새롭게 서약한 후 속회로 편성하였다. 지금은 그렇게 할 수 없기 때문에 장기 결석자나 속회에 대해 부정적인 시각을 갖고 있어서 전혀 참석하지 않아 속장들이 힘들어하는 교인들을 소망속에 편성한 후 전문 사역자들에게 돌보게 하는 방법이다.

1) 심방전도사가 돌본다.

2) 심방전도사가 없는 경우 작은 교회에서는 사모님이 돌보도록 한다.

3) 평신도 중 신실한 집사나 권사 중에 본처 사역자 같이 소망속 구역장 혹은 간사로 임명하여 돌보게 한다. 북수원교회는 권사 중에 간사로 임명하여 풀타임으로 사역하면서 교구와 소망속을 운영하게 한다.

4) 충분히 신앙이 회복되고 속회에 참석하고 싶은 마음이 생길 때 담임목사가 면담한 후 속회로 파송하되 반드시 속장과 함께 만나 파송기도와 권면을 한 후 배속한다.

12. 속장 수련회

속장 수련회는 1년 4회 분기별로 실시하는 것으로 속장들의 연합과 종합적인 훈련에 가장 유용한 방법이다.

1) 3, 6, 9월은 수련회로 실시한다. 수련회에 대한 구체적인 프로그램은 부록에 첨가하여 몇 가지 모델을 수록한다.

① 교회에서 하는 경우

② 캠프장 혹은 수련원, 기도원, 기타 장소에서 하는 경우

2) 마지막 1회는 위로회(10, 11월 초)로 속장들의 사기와 속장의 위상을 높여주는 기회로 활용한다.

▶ 속장 수련회 실제(북수원교회 속장 수련회 소개)

속회는 우리의 신앙과 영적인 부분을 다룬다는 점에서 반드시 성령님의 역할이 필요하다. 그러므로 속장들이 수련회를 통해서 성령님을 경험하고 영적으로 살아나는 것이다. 또한 이 수련회에서 받은 은혜로 속도원

을 섬기고 돌보겠다고 다시 한 번 결단하도록 하는 것이다.

속장 수련회는 담임목사의 목회철학과 목회 파트너로서의 위상을 구체화하고 웨슬리의 연대주의의 실현을 위한 가장 중요한 교육의 장이다. 속장 수련회는 상반기나 하반기 혹은 분기에 한 번은 다른 장소로 이동하여 수련회를 열고 집중해서 교육한다. 속장 수련회는 1년 3회 분기별로 실시하는 것으로 속장들의 연합과 종합적인 훈련하는 일에 가장 유용한 방법이다.

1) 준비 과정

수련회 D-day를 정한다. 평일 저녁이나 1박 이상을 하는 것보다 주일 오후에 진행하고 그날 돌아오는 것이 속장들의 참석률을 높일 수 있다.

수련회 장소를 선정한다. 교회에서 진행할 수도 있지만 좀 더 많은 효과를 얻기 위해서는 교회에서 차량으로 1시간~2시간 이내에 있는 장소로 이동하여 진행하는 것이 좋다. 교회에서 진행하다 보면 속장들이 속장 교육에 집중하지 못하고 자신의 일을 하기 위해서 중간에 집이나 직장으로 돌아가기도 하고, 잠시 나갔다가 들어오기도 한다. 그러므로 교회에서는 속장 수련회를 매년 진행하면서 장소를 많이 알아 두었다가 돌아가면서 진행하면 효율적이다. 장소를 선정할 때 수련회를 진행한 이후에 수고한 속장들이 저녁식사를 할 때 다른 장소로 이동하지 않고, 그 장소에서 할 수 있는지 확인하는 것이 필요하다. 또한 속장수련회를 진행하다 보면 속장들 중에는 어린 자녀를 데리고 와야 하는 경우가 있다. 그래서 속장 수련회 장소를 선정할 때에는 부모를 따라오는 어린 자녀들을 돌볼 공간이 있는지 꼭 확인해야 한다. 장소를 선정했으면 답사를 거쳐 확인을 해야 한다.

속장 수련회 준비서를 만든다. 속장 수련회를 진행하는 사역자는 이동할 차량, 참석 인원, 준비물, 시간 계획표, 사역자들의 역할 분담, 예산 등의 계획을 세워 준비한다.(예: 북수원교회 속장 수련회 준비서)

2010년 2차 속장 수련회 준비서

주제: "내 교회를 세워라!(엡 4:12)"

· 일　시: 2010년 5월 9일(주일), 오후1시 30분~9시30분
· 장　소: 서산 엘림하우스 (충남 서산시 운사면 고산리 437-1, 041-662-6901)
· 대　상: 북수원교회 1교구, 2교구, 3교구 속장, 청년속장, 양육속장, 구역장

(1) 준비할 내용

구분	내용	수량		진행상황	담당자
예약	엘림하우스			완료	부목사 1
	대형버스	2대		완료	
세미나용	시험문제지		선발대	완료	
	핸드북	130개		완료	
	현수막	1개		완료	
	이름표(속장, 스태프)		버스 안	완료	간사 1, 2
	볼펜	100개	선발대	완료	간사 1
	강사용 물잔+물수건			완료	
	물(500ml), 비타500	100개		완료	
간식류	사탕, 과자		버스 안	완료	
기타	시상용품(20~70대까지) - 비누	7개	선발대	완료	간사 1
	비상약			완료	
	가위,압정,테이프,매직펜…			완료	
	탑승차량 표시용 / 명단부착		버스	완료	부목사 1
	일정표(대형)	각1장		완료	
	찬양팀 악기 / 빔, 스크린, 노트북		선발대	완료	전도사 1
	세미나 장소 준비			진행중	선발팀
	올리브기름	100개		완료	사역자
	카메라(디카, 캠코더)	2대	담당자	완료	부목사 2

(2) 일정표

시간	프로그램	비고
13:20 ~ 14:40	세미나 장소로 출발 (교구별 승차)	
14:40 ~ 14:50	입장 및 자리 정돈 (찬양 시작)	사역자
14:50 ~ 15:00	찬양	작은예수 찬양단
15:00 ~ 16:30	강의 주제 : 내 교회를 세워라!(엡 4:12)	담임목사
16:30 ~ 16:45	시험	사역자
16:45 ~ 16:55	휴식시간	마당에서
16:55 ~ 17:55	워크숍 - 조별 발표	담임목사
17:55 ~ 18:25	영성훈련	담임목사
18:25 ~ 18:30	시상식	사역자
18:30 ~ 18:40	단체 사진 촬영 및 식사준비	영상팀
18:40 ~ 19:30	저녁식사	전 체
19:30 ~ 19:40	마당에서 마침기도	담임목사
19:40 ~	집으로 귀가	

(3) 탑승자 인원

탑승차량		운전자	인원	명단
대형 1호차		버스기사	46명	담임목사, 2교구속장, 3교구 청장년선교회 속장, 부목사2, 속회국장, 간사1, 2, 구역장
대형 2호차		버스기사	42명	1교구속장, 청년부 속장, 구역장, 부목사1, 전도사1, 2, 양육속장
선발대	스타렉스 (8172)	집사	2명	작은 예수 찬양팀, 사역자선발대 / 어린이 도우미(1명)
	스타렉스 (8687)	권사	7명	
	스타렉스 (1622)	전도사	8명	
합계			105	

(4) 세미나 예산

내용	수량	단가×수량
저녁식사		1인 식사비용×100명
대형버스	2대	1대 비용×2대
핸드북	130개	교회에서 일괄처리
현수막	1개	교회에서 일괄처리
이름표(속장, 스태프)		-
볼펜	100개	-
강사용 물잔+물수건		-
물(500ml)	100개	
물티슈	100개	
비타민 음료		
껌, 초콜릿, 사탕, 과자		
어린이 간식		
시상용품(20~70대까지) - 교회에 있는 비누	10개	10,000×7개
비상약		교회비치용
가위, 압정, 테이프, 매직펜…		-
탑승차량 표시용		-
일정표(대형) / 조 편성	1장	-
찬양팀 악기		-
선발대 점심식사 / 고속도로비		1인 식비×17명
예비비		
합계		

2) 진행 과정

속장 수련회를 진행하는 당일에는 먼저 선발대가 1부 예배를 마치고, 속장 수련회 장소로 이동한다. 선발대에는 찬양팀과 수련회 장소에서 필요한 현수막, 간식, 속장들이 와서 앉을 자리를 준비할 사람들이 출발하고, 속장들은 예정된 시간에 출발한다.

수련회 장소에 도착하여 속장들이 강의실로 들어가기 시작하면 미리 도착한 찬양팀이 찬양을 부르며 속장들을 맞이하면서 자리 정돈을 하고, 바로 시간 계획에 의해 준비된 프로그램들을 진행한다. 북수원교회가 속장 수련회를 진행하며 빼 놓지 않는 것은 담임목사의 강의가 있은 후 강의한 내용에 대해 시험을 보고, 선물을 주는 것이다. 많은 속장들이 부담스러워 하기도 하지만 반면에 강의에 집중력을 높이는 방법이기도 하다. 최근 북수원교회에서 사용한 강의안과 시험 문제지를 예로 들어 보겠다.

3) 강의안 및 시험 문제지 샘플

속장 수련회 강의안(2010. 5. 9)

주제: 내 교회를 세워라!(세움) - 엡 4:12

· 그리스도의 몸을 세우는 것이 목적이다.(12절)
· 세우는 것의 이중성
  1) 기초적인 세움(골조)
  2) 온전한 세움(목적)

1. 믿는 것과 아는 일에 하나가 되는 것
   온전한 사람의 조건
2. 그리스도의 장성한 분량이 목표
   1) 어린 아이에서 벗어나라.
      ① 속임수
      ② 간사한 유혹
      ③ 온갖 교훈의 풍조(시대적인 트렌드) - 요동한다

temptation - 내 중심이 없는 것

세상의 풍조(이방인의 삶과 현상) - 허망한 삶의 실체(17-19)

④ 총명이 어두워짐

⑤ 무지함

⑥ 마음이 굳어짐

⑦ 죽음(하나님 생명이 떠남)

⑧ 방탕(감각 없는 자) - 더러운 것을 욕심으로 행한다

2) 자람의 법칙

사랑 안에서 자라라 - 예수 그리스도가 정상이다

(1) 구조

머리이신 그리스도

도움 받으라 - 우리는 지체들이다

연결하라

연합하라

분량대로 일하라

(2) 그리스도를 본받는 삶(25-32)

① 새 사람을 입으라

② 참된 것을 말하라 - 지체이니

③ 죄를 짓지 말라 - 분내는 것에서 시작(감정)

④ 마귀에게 틈을 주지 말라

⑤ 도둑질하지 말라

⑥ 선한 일을 하라 - 구제하도록

⑦ 더러운 말은 입 밖에도 내지 말고 덕을 세우는 말을 하라

⑧ 성령을 근심하게 하지 말라

⑨ 떠드는 것과 비방하는 것을 버리라

⑩ 서로 친절하게 하라

⑪ 서로 용서하라

⑫ 서로 사랑가운데 행하라

⑬ 음행 더러운 것 탐욕은 입에 올리지도 말라

⑭ 감사하는 말만 하라

결론: 빛의 자녀들처럼 행하라(엡 5:8)

빛의 열매- 착함, 의로움, 진실함

심방 규정

1) 속회 대심방

① 계절별 대심방은 없음

② 심방 기간을 정해 놓지 않고 지속적으로 심방

③ 담임목사, 사모, 교구목사, 교구간사, 구역장, 속장 동행

2) 새가족 등록과 심방

(1) 새가족 등록- 새가족은 새가족 양육 과정(수료, 세례, 속회 파송) 후 속회로 소속시키고, 심방하는 것이 아니라 등록 후 바로 속회로 소속되고, 새가족 양육 과정 중이라도 소속된 속회에서 속회예배를 드리며, 속장의 돌봄을 받는다.

(2) 새가족 등록 시 소속될 속회 결정 기준

① 새가족이 소속될 속회는 등록 당일 결정해 준다.

② 전도자가 속해 있는 속회

③ 자원해서 온 사람: 친화력 우선(아는 사람)

④ 사는 지역 고려(산업도로를 기준으로 교구 구분)

⑤ 새가족이 소속될 속회와 선교회 결정은 새가족이 등록한 주일 오후 교구목사, 교구간사, 새가족 전도사가 함께 모여 결정한

다. 새가족의 속회가 결정되면 새가족 담당 전도사는 새가족 등록 카드를 새가족이 소속될 교구간사에게 주어 돌보게 한다. 담당 교구간사는 새가족이 소속될 속장과 각 선교회장(새가족이 선교회 활동을 원하지 않을 경우는 강요는 하지 말 것)을 주중에 만나게 해서 새가족이 바로 속회예배를 드리며, 속장의 돌봄을 받게 하고, 선교회에서도 활동하게 한다.

(3) 심방

① 새가족 심방은 새가족이 신앙교실에서 양육 과정 중이라도 심방을 원하면 언제든지 받을 수 있다.

② 속장은 새가족이 자신의 가정에서 꼭 심방을 받도록 권면해야 한다.

③ 새가족이 심방을 부담스러워 할 경우에는 교구간사가 속장과 같이 심방할 수 있지만 타 교회에서 직분을 가지고 이명해 온 성도는 담임목사의 심방을 꼭 받아야 한다.

④ 담임목사, 교구목사, 교구간사, 속장, 선교회장

3) 이사 심방

① 담임 목사가 심방한다. (사정이 생기면 교구목사)

② 담임목사, 사모, 교구목사, 교구간사, 구역장, 속장 동행

4) 개업 심방

① 담임 목사가 심방한다. (사정이 생기면 교구목사)

② 담임목사, 사모, 교구목사, 교구간사, 구역장, 속장 동행

5) 장기 환자 심방

교구목사와 교구간사가 지속적으로 심방한다.

6) 병원 심방

(1) 수술 - 담임목사는 성도가 날짜를 받아 수술할 경우 교회에서 안

수 기도하는 것으로 대신한다.

① 수술 환자가 입원하기 전 안수 받을 장소: 새벽 예배 후, 주일 예배 후, 수요예배 후, 본당 혹은 목양실

② 수술 받을 환자 → 속장 → 교구간사 → 담임목사에게 보고하고 안수 받을 시간과 장소를 결정해서 수술 받는 환자가 수술 전 안수 받도록 한다.

③ 갑작스러운 사고나 질병으로 입원한 경우는 담임목사가 심방한다.

(2) 중환자 – 수시로 심방함

(3) 일반 환자(감기, 검진) – 교구간사가 심방함

(4) 성도의 직계(양가 부모 및 자녀)는 사모, 교구목사, 교구간사가 심방하지만, 본 교회 성도의 형제일 경우에는 교회에서 심방하지 않는다.

7) 상조 규정

① 본 교회 성도의 장례 시 집례는 담임목사가 한다.

② 담임목사가 외국 출타 시에는 부목사가 집례한다.

③ 본 교회 성도의 직계(양가 부모 및 자녀)는 사모, 교구목사, 교구간사가 문상하지만, 형제일 경우에는 교회에서는 문상을 하지 않는다.

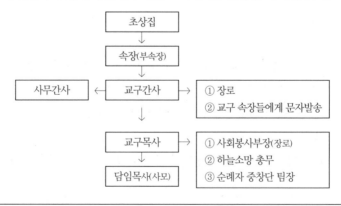

④ 장례 시 연락하는 법

8) 결혼식 규정

　담임목사가 주례하지 않을 경우에는 교구목사와 교구간사가 참석한다.

속장 교육

① 금요일 새벽 기도 후, 수요 예배 마친 후(21:00~)

② 금요일 - 새벽 기도실 / 수요일 - 대예배실

③ 금요일 새벽기도를 마친 후 담임목사가 속장들에게 목양 위임 안수기도를 할 때 일반 성도들은 개인 기도를 하지 않고 집으로 돌아가게 한 후 속장 교육을 실시한다.

속장의 역할

① 주일 속회원들의 출석 확인 후(인사: 승리했군요. 할렐루야!) 교구간사에게 출석카드 제출

② 교구간사는 속장과　연락이 되지 않거나, 속장이 동행할 수 없을 때 해당 교구의 성도들을 혼자서 심방할 수 있다.

③ 속장은 목회파트너로서 목양을 하며 속회원들의 생활신앙(십일조, 주일성수, 전도, 봉사생활, 기도 등)을 가르치고 확인하며 그러한 영적 상황을 담임목사(교구목사)에게 보고한다.

④ 속회의 목적은 성화이므로 속회원들의 거룩한 생활을 위해 매주 한 가지씩 실천하도록 규칙을 정하고 확인한다.

⑤ 속장은 월요일부터 목요일 사이에 반드시 만남의 심방을 하고(부득이한 경우 전화) 가정의 상황과 신앙적 돌봄의 필요한 부분을 묻고 기도하겠다고 한 후 속장 수첩에 기록한다.(내용은 금요 속회예배 때 활용)

⑥ 속장은 헌금을 철저하게 관리하며 남는 돈을 자기들끼리 회식하거나 놀러가는 용도로 쓰면 안 된다. 오직 지역전도(첫 주)와 속회원 돌봄 사역(마지막 주)을 위해서만 사용하고 분기별 연합 속회 예배 때 재정보고를 해야 한다. (교구목사에게 서류제출)

구역장의 역할

① 자기 구역을 책임진다. 월 1회 구역전도를 실시한다. 속장과 함께 만나 기도하며 각 속회 예배드리는 것이 일관성이 있는지 확인하고 코칭(조언)해주고 속회 부흥을 위해 협의하고 전체 평가를 위한 보고서를 작성하여 담임목사에게 보고 한다. 구역연합예배는 전반기 1회, 후반기 1회다.

② 속장을 격려하고 주일 출석카드를 제출했는지 확인하며 자기 구역 속장이 책임을 다하지 못할 경우 구역장이 책임지고 보고한다.

③ 구역장은 분기별 연합 예배 때 구역별 행사를 주관하고 진행한다.

④ 자기 구역을 위해 중보 기도한다.

2010-2차 속장 세미나 시험 문제

연령: _____대 _____교구 _____속회

이름: _____ 직분: _____ (청년회-4교구)

1. 이번 속장 세미나의 주제는 무엇인가? <u>내 교회를 세워라</u>
2. 이번 속장 세미나 주제의 성경 본문은 에베소서 4장 12절입니다. 밑

줄 부분에 알맞은 말을 쓰세요.

이는 성도를 <u>온전</u>하게 하여 <u>봉사</u>의 일을 하게 하며 <u>그리스도의 몸</u>을 세우려 하심이라

3. 세우는 것의 이중성에는 기초적인 세움 <u>골조</u>와 <u>온전한 세움</u>(목적)이 있다.

4. 장성함의 조건은 무엇인가?(6점) <u>믿는 것과 아는 일에 하나가 되는 것</u>

5. 온전한 사람의 조건은 무엇인가? <u>성숙함</u>

6. 머리로는 아는데 가슴으로 받아들여지지 않아 순종 못하는 것은 무엇인가? <u>믿는 것</u>

7. 아는 것은 무엇을 통하여 알게 됨으로 믿게 되는 것인가? <u>체험</u>

8. 믿은 것과 아는 것이 하나 되는 것은 성숙한 누구의 모습인가?(6점) <u>그리스도인</u>

9. 장성한 그리스도의 분량에 이르기 위해서는 무엇에서 벗어나야 하는가? <u>어린 아이</u>

10. 9번 정답의 특징은 <u>속임수</u>에 잘 넘어가고, <u>간사한 유혹</u>에 잘 빠지며, <u>온갖 교훈의 풍조</u>에 중심을 잃는다.(하나에 2점씩)

11. 밑줄을 채우세요.

릭 워렌 목사의 새들백교회 교인의 종류는 5C입니다. 지역주민(Community) → 군중(Crowd) → 회중(Congregation) → 충성스러운 일꾼(Committed) → <u>핵심그룹</u>(Core)

12. 예수님의 방법은?(6점)

세상사람 → 구경꾼 → 추종자 → 신자 → 헌신자 → <u>수제자</u>

13. 어린 아이에서 벗어나는 첫 번째 방법은 와서, 보고, <u>체험</u>하여 신앙을 자라게 하는 것이다.

14. 어린 아이에서 벗어나는 두 번째 방법은 <u>예수님</u>을 닮으려는 의욕을

갖고 노력, 훈련 하는 것이다.

15. 세상의 풍조(이방인의 삶과 현상) 허망한 삶의 실체는 총명함이 어두워지는 것이다.

16. 자람은 사랑 안에서 자라야 한다.

17. 그리스도를 본받는 삶에서 참된 것을 말해야 하는데 왜 그런가?
지체이기 때문

18. 밑줄 부분에 공통으로 들어가는 단어를 쓰세요.
더러운 말은 입 밖에도 내지 말고, 덕을 세우는 말을 하라.
감사하는 말만 하라.

19. 빛의 자녀들처럼 행하라 (엡 5:8)

20. 속장은 목회 파트너로서 목양을 하며 속회원들의 생활신앙(십일조, 주일성수, 전도, 봉사생활, 기도 등)을 가르치고 확인하며 그러한 영적 상황을 담임목사(교구목사)에게 보고한다.

21. 속회의 목적은 성화이므로 속회원들의 거룩한 생활을 위해 매주 한 가지씩 실천하도록 규칙을 정하고 확인한다.

22. 속장은 월요일부터 목요일 사이에 반드시 만남 심방을 하시고(부득이한 경우 전화) 가정의 상황과 신앙적 돌봄의 필요한 부분을 묻고 기도하겠다고 한 후 속장 수첩에 기록한다.

23. 속장은 헌금사용에 철저하게 하되 오직 지역전도(첫 주)와 속회원 돌봄사역(마지막 주)을 위해서만 사용해야 한다.

4) 평가

속장 수련회를 마치면 참여했던 사역자들이 함께 모여 평가회를 가진다.

북수원교회 사역자들의 평가회 내용

이번 속장 수련회는 무엇보다 속장들의 만족도가 높았던 것으로 나타났습니다. 특별히 작년 전반기 속장 세미나에 불참했다가 이번 세미나에 참석한 속장들은 이구동성으로 오기를 잘 했다며 많은 은혜를 받았고 이런 수련회는 계속 참석하여 배워야 한다고 말했습니다.

① 예산을 세운 대로 선발대 식사비나 차량 운행비를 미리 지불해서 진행하는데 차질이 없게 해야 하는데, 그렇게 진행하지 못하고 먼저 개인이 비용을 지불하고 후에 교회에 청구하였는데 선발대에 필요한 비용을 미리 준비해서 주도록 하자.

② 뷔페 식사 시에는 언제든지 빠른 진행을 위해 사역자들이 반찬을 집어주도록 하자.

③ 강의 내용에 대해 시험을 보는 부분에서 대부분의 사람들이 보고 쓰기 때문에 상에 대한 의미가 퇴색됨으로 다음에는 퀴즈로 했으면 좋겠다.

④ 간식은 각자가 욕심을 내서 챙겨 놓는 바람에 순식간에 동이 나는 사태를 방지하기 위해 앞으로 커피나 차 종류만 단체 테이블에 준비하고 간식은 개인별로 핸드북과 함께 자리에 놓는 것이 좋겠다.

⑤ 강의를 마친 후 워크숍을 위해 '조'를 발표할 때 구두로 발표하니 본인이 어느 조에 해당하는지 모르는 사람들이 있어 다음에는 핸드북에 표시해 주는 것이 좋겠다.

⑥ 속장 수련회에 불참한 속장의 재교육이 꼭 필요하다. 속장 수련회를 마친 다음 주 오후 예배 때 속장 수련회를 전체 준비한 사역자가 불참자들을 대상으로 재교육을 해야 한다.

13. 속장 위로회

속장 위로회는 속장들에게 자긍심을 갖게 하기 위해서 전반기는 속장들을 위한 음악회로, 후반기에는 야유회로 진행한다.

1) 속장을 위한 음악회

속장을 위한 음악회는 날씨가 따뜻하고, 예쁜 꽃들이 피어나는 봄에 교인 중 찬양에 달란트가 있는 사람들이 중심이 되어 진행한다. 특별 손님으로 외부에서 연주자 1~2명을 초청한다. 음악회를 마치면 속장들을 위해 저녁 만찬을 준비해서 함께 교제를 나눈다. 북수원교회는 봄이면 장로님 댁의 아름다운정원에서 속장들을 위한 음악회를 진행한다.(순서지 참고)

〈북수원교회 음악회 순서지〉

2010년 북수원교회

속 장 을 위 한 음 악 회

일시:
2010년 5월 16일
장소:
보아스의 타작마당
후원:
이용창 장로
단동호 권사(속화국
쟁)

Program

🎻 1부) 속장을 위한 음악회

* 기도: 장로
* 진행: 집사

1. 어린이 중창(♬우리는 서로 사랑해, 오 해피 데이) ··· 아동부

2. 오카리나 합주(♬Amazing grace, You are my sunshine)
······· 권사 외 8명

3. 찬양(솔로)(♬요한의 아들 시몬아) ········· 집사

4. 트럼펫 독주(♬홈멜) ············· 청년

5. 중창(♬Praise His Holy Name) ········ 비파와 소고

6. 색소폰 듀엣(♬사명, 사랑) ·········· 장로1, 권사1

7. 플룻 독주(♬노래하는 순례자) ·········· 권사

8. 찬양 듀엣(♬맛 잃은 소금) ··········· 청년, 학생

9. 찬양 ··· 강원명 전도사(감리교신학대학 졸업, Peace Music 대표,
극동방송 평화나라 MC, 극동방송 14회 창작복음성가제 입상)

10. 하나님께 영광을(♬여기에 모인 우리) ······· 다함께

🎻 2부) 만찬과 함께 친교의 시간

2) 속장 위로회

속장 위로회는 야외로 나가 자연을 만끽하며 즐거움을 얻는 시간이다. 이동하는 버스 안에서 속장을 하며 겪었던 어려움이나 보람 등에 대해서 간증을 하게 함으로써 비슷한 고민을 하는 속장들에게 해결 방법을 제시해주는 계기가 되기도 한다. 또한 다른 교회 탐방이나 기독교 유적지 순례로 속장으로서 어떤 마음을 가지고 맡겨진 속도원들을 돌봐야 하는지 새롭게 다짐하도록 한다.

속장 위로회를 준비하는 과정은 날짜와 장소를 정하고 꼭 사역자들이 답사를 해서 걸리는 시간, 장소의 안전성(등산할 경우 코스 확인), 점심, 저녁 식사 메뉴, 비용 등을 확인하고 결정해야 한다.

2009년 북수원교회에서 진행한 속장 위로회 준비서를 예로 들어 보겠다. 북수원교회에서는 속장 위로회를 속장 비전순례라고 불러 사용하고 있다.

2009년도 속장 비전순례 일정표

· 일시: 2009. 10. 27(화) 오전 6:00~오후 8:30
· 장소: 북수원교회 → 좋은교회(청원군) → 계룡산국립공원(갑사) →
    대전 → 북수원교회
· 인원: 사역자-7명 / 장로-5명 , 속회국장-1명, / 남자 속장-2명, 부속
    장-1명 / 여자 속장-44명, 부속장-16명 / 양육속장-1명 / 특
    별-1명, 총 78명
· 차 안 프로그램: 찬양 듣기
· 준비물: 무전기(4대-등산시 필요), 찬양CD

- 일정표 및 예산

시간	프로그램	진행 사항	준비물(예산)
오전 5:40~ 6:00	버스 2대 세전 앞 주차	사역자들이 미리 나와 교구별로 탑승시킨다. 〈1호차 탑승〉 담임목사님 내외, 인도교구, 미얀마교구 2~8속회, 장로, 속회국장, 양육속장, 사역자(부목사, 전도사, 간사) 〈2호차 탑승〉 사역자(부목사, 전도사) 미얀마교구, 탄자니아교구 14~25속회 인원체크 / 출발 전 담임목사님 기도	버스 45인승 2대 48만원×2대 = 960,000원 아침식사 : 김밥: 값×40명 샌드위치: 값×40명 물: 값×80명 총 _____ 원
6:00~ 8:00	출발	좋은 교회로 출발(충북 청원군 남이면 석판리 77 / 043-238-0001) 버스 안에서 아침식사(김밥) / 찬양을 들으며 교제 / 좋은 교회 도착하기 전 고속도로 휴게소에서 잠시 휴식(20분)	
08:00~09 :20	좋은교회 탐방	교회탐방 화장실 다녀온 09:20~09:30에 버스에 승차한다.	감사헌금 _____ 원
09:30~ 11:00	감사로 출발	계룡산국립공원 감사로 출발	
11:00~ 12:30	점심식사	맛있는 점심(더덕정식, 닭볶음탕, 버 섯찌개전골)(수정산장)	1인당 _____ 원×80명
12:30~ 16:30	계룡산 단풍구경	갑사 → 갑사계곡 → 용문폭포 → 금잔디고개(왕복)	
16:30~ 17:00	저녁장소 이동	사리원면옥	
17:00~ 18:20	저녁식사	맛있는 저녁(불고기, 냉면, 공기밥)	1인당 _____ 원×80명
18:30~ 20:30	교회로 출발	차량에 탑승하여 인원을 점검한 후에 담임목사님의 마침기도 /교회로 출발 중간 휴게소에 도착하여 화장실에 들르고 10분정도 휴식한다.	
20:30	귀가	익주 아파트 앞에 도착하면 각자 집으로 돌아간다.	

14. 연합속회

연합속회는 웨슬리 당시와는 다르게 운영할 수 있다. 웨슬리 당시는 분기에 한 번씩 속회에 잘 참석하는 이들에게 티켓(감리교인의 표)을 발행하여 애찬식에 참석하는 자격을 부여하였고 애찬식을 통하여 연대의식이나 하나 되는 공동체의식을 실천하였다. 그동안 우리는 형식적으로 매월 마지막 금요일에 연합속회를 드려왔지만 형편에 따라 드릴 수 있다.

1) 매월 1회 드리는 경우- 다양한 예배순서를 만들고 매월 특징 있는 연합속회로 드린다. 분기에 1회는 성찬식과 공과 내용에 대한 퀴즈 등으로 교육적인 효과를 이끌고 각 속별 프로그램을 준비하도록 유도한다.

2) 분기별로 드리는 경우- 성찬식/간증/3개월 공과 영상 드라마 형식/모범속회 소개 및 시상

3) 1년 2회 전후반(6월, 12월)으로 드리는 경우- 성찬식/속장 새벽출석 시상/전반기 평가 및 시상/6개월 동안 공과 드라마 영상/간증

15. 속회와 전도

1) 전도란 무엇인가?

(1) 전도의 정의

① 1977년 교회 성장학파에서의 정의

"복음 전도를 하는 것은 예수 그리스도를 하나님과 구세주로서 선포하는 것이며, 사람들을 그의 제자와 그의 교회에서 책임적인 회원이 되게 하도록 설득하는 것이다."

② 1979년 조지 헌터의 정의

첫째, 우리가 당신을 돕는다.(Let us help you)

둘째, 하나님이 당신을 도우신다.(Let God help you)

셋째, 하나님의 말씀을 들으라.(Hear the Word)

넷째, 결단하라.(Make a Decision)

다섯째, 그리스도의 제자가 되라.(Become Christian disciples)

③ 델로스 마일스의 정의

"복음 전도는 성령의 권능으로 각 사람들과 사회의 조직들을 예수 그리스도의 주권아래 변화시키는 목적으로 하나님 왕국의 복음을 존재하도록 하며(being), 행하게 하며(doing), 말하게(telling) 하는 것이다."

④ 성경적 정의

첫째, 기쁜 소식 Gospel(유앙겔리조)

"때가 찾고 하나님 나라가 가까웠으니 회개하고 복음을 믿으라"(막 1:15)

전도자는 험한 세상 속에서 좌절을 느끼며 죄와 사망 속에서 살아가는 불신자들에게 '너희는 회개하고 예수를 믿어라. 그리하면 죄에서 해방되는 구원을 받고 훗날 천국에서 영원히 살 수 있다.' 는 영생과 구원의 특권에 관한 기쁜 소식(복음)을 전하는 것이다.

둘째, 전파하고 예고함 Herald(케룻소)

"예수께서 온 갈릴리에 두루 다니사 저희 회당에서 가르치시며 천국 복음을 전파하시며"(마 4:23)

옛날에 왕이 백성들에게 법령을 알리기 위하여 전령자를 내세워 동네마다 다니며 선포(케룻소)하게 하였다. 이와 같이 복음이란 널리 선포하며 알리는 것이다.

셋째, 가르침 Education(다다스코)

"예수께서 모든 성과 촌에 두루 다니사 저희 회당에서 가르치시며 천국 복음을 전파하시며, 모든 병과 모든 약한 것을 고치시니라"(마 9:35)

신약 속에 복음 전도를 '다다스코' 라고 표현하는 곳이 많은데 그 말은 '가르친다' 뜻이다. 주님은 다니시는 곳마다 끝임 없이 제자들과 군중들에게 비유와 예화를 들며 복음에 대하여 잘 가르치셨다.

넷째, 증인 Witness(말투스)

"너희는 이 모든 일의 증인이라"(눅 24:48)

전도란 증인이 되는 것이다. 증인이란 말을 헬라어로 '말투스' 라고 하는데 순교자라는 어원을 갖고 있다. 모든 전도인은 예수를 믿음으로써 체험한 기쁨과 삶의 변화를 불신자에게 증언하는 증인이 되어야 하며 또한 순교자적 정신으로 전할 때에 놀라운 성과를 얻는다. 초대 교회가 놀랍게 성장한 이유는 바로 초대 교인들이 죽음을 각오한 순교자적인 정신으로 전도하였기 때문이다. 지금도 성도들이 몸을 사리지 말고 스데반 집사와 같이 죽기 아니면 살기라는 순교자 정신을 갖고 전도한다면 놀라운 전도의 성과들이 나타날 것이다.

다섯째, 제자 disciple(마테테스)

"너희는 가서 모든 족속으로 제자를 삼아"(마 28:19)

"이에 예수께서 제자들에게 이르시되 아무든지 나를 따라 오려거든 자기를 부인하고 자기 십자가를 지고 나를 쫓을 것이니라"(마 16:24)

⑤ 존 웨슬리의 정의

웨슬리 시대 두 사람의 위대한 전도자 횟필드와 웨슬리의 접근 방식에서 우리는 이상적인 전도가 무엇인지 알 수 있다. 횟필드는 위대한 설교가며 전도자였다. 그러나 그는 이렇다 할 성과를 얻지 못했다. 그 이유는 사람들에게 복음을 제시하고 결신을 시키기는 했으나 뿌리내릴만한 조직을 갖지 못함으로써 마치 가시떨기 나무밭에 뿌려진 씨앗 같이 자라지 못했기 때문이다. 그러나 웨슬리는 복음을 듣고 결신한 사람들을 속회라는 넷워크(net-work)를 통하여 양육하고 돌봄으로 제자로 헌신된 그리스도인을 만들었고, 더 나아가 성화된 그리스도인을 목표로 성장의 목표를 갖게 했기 때문에 튼튼한 뿌리를 내릴 수 있었다.

전도가 무엇인가? 한 마디로 '전도는 제자 삼는 것' 이다. 전도가 단순히 복음을 전하는 것 이상의 의미를 가지고 제자 삼는 것이라고 할 때 '전도와 돌봄의 사역' 의 관계성을 가지게 되며, 그것은 동전의 앞면과 뒷면의 관계와 같다. 전도란 복음을 전하고 양육하여 제자 삼는 것으로 완성된다.

(2) 시대를 밭으로 볼 때 우리 시대에 대한 흐름을 읽어보자

"시대적 변화는 하나님이 만드시는 기회다." - 릭 워렌

초나라에 어떤 우직한 사람이 양자강을 건너가다가 그만 자기 칼을 물에 떨어뜨렸다. 그는 곧 그 배에다 "여기서 칼을 떨어뜨렸노라"고 새기고는 배가 강기슭에 닿으니 물속으로 들어가 칼을 찾았다. 배에 새긴 글자로 보면 여기서 칼을 떨어뜨렸다고 하였지만 배는 그 동안에도 계속 움직여온 반면 강물에 떨어진 칼은 그 자리에 있었다. 이처럼 세월은 많이 흘렀는데 옛날 생각만 하고 있는 것을 각주구검(刻舟求劍)이라 한다. 옛날에는 부자였고, 옛날에는 양반이었다 하고 지난날의 꿈에서 깨어나지 못한 사람을 일깨워 주는 명구다.

오늘의 시대에 대한 여러 가지 트렌드 중 대표적인 것이다.

① 정보화 시대: 정보화 시대의 특징 가운데 가장 대표적인 것은 모바일 빅뱅이다. 2010년 모바일은 100억대이며 전 세계 40억 명이 사용중이라고 한다. 모바일이 가져온 놀라운 혁명은 새로운 시대를 열어가고 있다. 모바일이 가진 기능은 첫째 선별된 정보가 나에게 향하며, 둘째 무한 확대가 가능하고, 셋째 일상적인 생생한 정보의 보고가 담겨있다. 모바일의 특징은 범용성(모두가 소유하고 있다), 밀착성(항상 가지고 다닌다), 접속성(언제나 접속할 수 있다)이다. 기회는 변화의 시기에 존재한다. -삼성경제연구소

② 무교양시대: 영국의 켄트 대학 사회학교수인 프랭크 퓨레디는 「그 많은 지식인들은 어디로 갔는가?」라는 책에서 무교양주의란 교양이 부족하고 물질적이고 진부한 것에만 관심을 갖는 것을 뜻한다고 하였다. 한 마디로 우리가 알고 있는 교양이라는 것이 오늘날에는 없다는 것이다.

③ 비쥬얼 커뮤니케이션 시대: 멀티 영상과 매스컴, 고도산업 정보화를 통하여 비주얼커뮤니케이션(Visual Communication)은 진정 눈부시게 변천

되고 있다. 지금은 감각적인 것으로 승부하는 세상이다.

④ 다원화 시대: 오늘 우리는 포스트모더니즘(Post-Modernism)을 타고 들어오는 다원화 시대에 살고 있다. 교회에까지도 혼합주의와 다원주의가 물밀듯이 들어오고 있다.

⑤ 세계화 시대: 지금은 무한 경쟁시대다. 국가 간의 장벽을 넘어 세계화의 시대다.

(3) 웨슬리의 속회가 추구하는 것은 무엇인가?
① 영혼구원과 영혼 돌봄을 통한 양육전도
② 나눔과 교제를 통한 성화
③ 돌봄을 통한 훈련

(4) 속회와 전도의 관계성은?
① 찰스 안(Charles Ahn)의 견해

불신자가 첫 번 교회에서 정착하는 경우가 성장하는 교회는 21%이고, 성장하지 못하는 교회는 9%였다. 전도된 경우의 75~90%는 친구 혹은 친척을 통해 인도되었다. 사람 때문에 떠나는 경우가 47%였다. 결국 사람의 태도 때문에 머물기도 하고 떠나기도 한다.

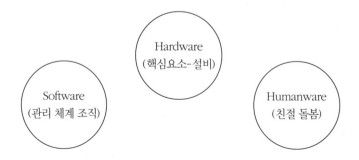

· Hardware+Software = 40% 밖에 되지 않는다: 교회성장에서 건물을 잘 지었다고 부흥이 저절로 되는 것이 아니라 그 영향력은 20%뿐이며 관리체계가 잘 되어 완벽한 조직이 주는 영향력도 20%라는 것이다. 우리가 착각하는 것 중 하나가 교회성장에 많은 부분은 좋은 시설과 체계화된 조직에 있다고 생각하면서 큰 교회들을 부러워하고 비판하는 것이다. 그러나 찰스 얀의 이론에 의하면 두 가지를 다 합해도 40%밖에 되지 않는다는 것을 증명한다.

· Humanware= 60%에 해당한다: 얼마 전에 친구 목사를 만나 매우 아름다운 전원교회에 부임했으니 많이 부흥했냐고 물으니 이런 고민을 말하였다. 자기가 부임한 후 교인들은 한 해에 천 명씩 부흥할 줄 알았다는 것이다. 그러나 부흥하지 못하니 자기들은 전혀 움직이지 않고 이렇게 잘 지어놓은 교회인데 왜 사람들이 안 오는지 모르겠다며 불평하더라는 것이다. 참된 부흥의 열쇠는 사람이다. 사람을 끄는 힘 그것을 친화력이라고 하는데 이것은 바로 우리에게 있는 요소다. 대부분 부흥하는 교회 교인들은 밝고 환하고 친절하다. 새들백 교회의 부흥요소 중 하나가 바로 새신자들이 교회에 들어올 때 누구를 만나도 친절하고 환영해주는 분위기 때문에 등록한다는 것이다. 나도 일찍부터 이러한 사실을 알고 있었기 때문에 전교인 친절교육이나 돌봄의 교육을 시켰는데 우리 문화의 한계 때문에 잘 되지 않는 것이 사실이다. 그러나 여기에 60%나 되는 영향력이 있다면 끊임없이 훈련하고 도전해야 한다. 이런 경우 친절은 말씀으로 향하는 문이 되어 사람들의 마음을 여는 것이다.

② 허브 밀러(Herb Miller)의 이론

· 15~300명 관계중심형 성장: 300명 이내의 교회일 경우는 담임목사와의 관계를 통하여 교회에 정착하는 경우가 많다. 담임목사를 중심으로 가족 같은 분위기 속에서 그 집의 식구들이나 아이들까지 자세히 알아서

알아주고 관심을 가져줌으로써 성장하는 경우를 말한다.

· 300~1만 명 자긍심+관계(소그룹) 성장: 300명 이상이 되면 더 이상 관계중심 목회에는 한계가 있기 때문에 교회가 지향하는 자긍심을 표방해야 한다. 그러면서 동시에 소그룹을 통한 관계형성을 만들어 가야 지속적인 성장을 할 수 있다.

③ 로버트 랜달(Robert Randal)의 이론

"사람들은 교회에서 무엇을 원하는가?" - 이해의 욕구, 의미추구의 욕구, 소속의 욕구, 희망의 욕구

로버트 랜달은 「사람들은 교회에서 무엇을 원하는가?」라는 책에서 사람들이 교회에 와서 바라는 네 가지 욕구를 알려준다. 첫째, 이해받고 싶은 욕구로서 우리가 사는 사회는 모두가 자기중심적이고 이기적이기 때문에 세상의 어떤 공동체에서도 이해받기 어려운 상황이다. 사랑을 말하는 교회는 이해해줄 것이라는 기대를 가지고 온다는 것이다. 둘째, 의미를 추구하고 싶은 욕구로서 자기 존재 의미를 확인하고 의미 있게 살고 싶기 때문이다. 셋째는 소속하고 싶은 욕구로 인간이 사회적 존재라는 것을 보여주는 것이다. 사람들의 이율배반적인 특징이 혼자 있고 싶어 하면서도 혼자 있으면 외로워하고 그래서 건강한 공동체에 소속하고 싶은 욕구가 생긴다는 것이다. 넷째는 희망의 욕구다. 누구나 희망을 갖고 싶은 것은 당연하다. 세상 사람들에게 교회는 여전히 신비한 영역이며 무엇인가 희망을 찾을 수 있을 것이라는 기대를 가지고 있다는 것이다. 이러한 욕구들이 바로 끌림 현상이며 전도의 끈이 될 수 있다.

④ 돌봄의 사역이 중요한 이유

사람들은 복음을 논리적으로 들어서가 아니라 관심과 돌봄의 사랑을 통한 필요를 채워주고 인도할 때 전도된다. 불신자가 평균 7회 정도 만나거나 복음을 들었을 때 마음이 움직이고 교회에 나오게 된다. 불신자가 그리

스도인들을 많이 알면 알수록 빨리 신자가 된다. 돌봄 사역은 목양사역이다(요 21:15~17). 돌봄 사역은 관계전도에 있어서 가장 탁월한 방법이다.

(5) 속회를 통한 전도전략은 무엇인가?

① 전도는 명사가 아니라 동사다. 사람을 만나지 않고, 문 앞에 전도지만 놓고 오는 전도는 거의 효과가 없다.
② 속회는 흩어진 교회의 모델이다.(호켄다이크)
③ 속회는 관계전도의 가장 좋은 형태다.
④ 속회별 전략전도 – 각 속회별로 다양한 형태의 전도를 실천(예: 노인들이 많은 곳은 매주 국수전도)
⑤ 지역전도(지속적인 넝쿨손 전도)
⑥ 속회 안의 불신자 이벤트 돌봄 전도(불신자 남편 전도법)

(6) 건강한 교회로 가는 길

① 주님의 명령에 순종하여 복음을 전하는 일에 최선을 다함
② 소비적인 교회가 아닌 생산적인 교회
③ 예배만 드리는 공동체 중심이 아닌 사역을 중심으로 하는 소그룹 중심의 교회 즉 속회중심형 교회
④ 돌보고 세워서 증인되는 사역의 현장으로 모든 교인들이 은사 사역을 하는 교회
⑤ 선교의 작은 가지 역할을 통하여 선교의 주체가 되는 교회
⑥ 성화를 이루는 속회

결론

속회를 통한 전도는 분대형 전투와 같이 지휘권을 속장들에게 위임하

여 모든 속회가 전도와 양육을 통하여 건강하게 부흥하는 조직이다. 관리형속회에서는 이룰 수 없는 것을 돌봄의 속회에서는 가능하게 함으로써 웨슬리의 전통을 이어가게 하는 방법이다.

그러므로 전도와 속회는 분리하는 것이 아니라 교회론 속에 담겨진 다른 손일뿐이다. 웨슬리의 목회를 간단한 사역 원리로 다시 재편한 것이 '돌봄 세움 증인'이라는 사역 원리다. 모든 교회들이 잃어버린 속회의 뿌리를 찾아서 함께 적용함으로써 부흥의 새 아침을 맞이하기를 소원한다.

2) 속회를 통한 전도의 유형과 방법

(1) H2 전도(개인전도+2인 1조전도)

울산에 있는 석유화학 공단에 가보면 높은 굴뚝에서 불이 나오는 것을 볼 수 있다. 20년 전 방문했을 때 궁금하여 자세한 설명을 듣고 전도에 대한 놀라운 영감(insight)을 받아 전도법으로 개발하여 사용한다. 굴뚝(Spen)을 높이 세우는 것은 아황산가스가 굴뚝을 통해 배출되는 과정에 많은 가스를 붙잡아 두기 위함이다. 굴뚝에 350도의 열을 가한 후 수소(H2)를 주입하면 수소가 유황에만 반응하여 달라붙어서 아래로 떨어져서 하루에 40톤가량을 생산한다는 것이다. 만일 아황산가스가 공기 중에 그대로 방출된다면 산성비가 되어 심각한 재난을 초래하기 때문에 매우 중요한 부분이라는 설명이었다.

▶ 적용방법

기도의 굴뚝을 길게 하라.

성령의 능력을 의지하여 기도하여 열을 가하라.(기도의 돌봄)

H2는 첫째, 성령의 역사(Holy Sipirit) 언제나 전도의 주체는 성령이다.

둘째, 나의 손(Hand) 돌봄의 손길로 관계를 형성하라.

그러면 마음을 열 것이고 그는 영적인 그물에 걸리는 것이다.

▶ 다른 사람이 당신을 좋아하게 하는 방법

첫째 다른 사람에게 순수한 관심을 기울여라. 둘째 미소를 지어라. 셋째 이름을 잘 기억하라. 넷째 경청하라. 다섯째 상대방이 관심사에 대하여 이야기하라. 여섯째 상대방으로 하여금 중요하다는 느낌이 들게 하라.(「함께 승리하는 신뢰의 법칙」, 존 맥스웰, 21세기북스)

(2) 전도속회-그물전도(까마귀 둥지 Craws nest)

속회는 둥지다. 정보를 서로 교환하여 협력전도 하는 것이다.

협력의 능력(시너지 효과)- 예) 2차 대전 때 연합군의 전투기는 전멸하다시피 격추되었다. 그것은 독일의 한 병사가 신명기를 읽는 중에 연합의 원리를 적용하여 편대전투를 실험해본 결과 한 대의 전투반경은 25m, 그러나 편대비행전투는 250m 반경 안에 들어오면 모두 격추할 수 있었다는 것이다. 이 방법으로 수많은 영국의 전투기들이 격추되었다. 이렇게 협력하여 효과를 얻어내는 것을 시너지 효과라고 한다.

▶ 전도속회 운영방법 5주 프로그램- 대전 제자들교회 김동현 목사 전도속회 방법 참조

(3) 이벤트(Event) 전도(불신자 남편전도)

불신자 남편을 전도하는 방법으로 결혼기념일이나 생일을 이용하여 식당이나 카페를 빌려서 사전에 아내를 통해 그날 오라고 초청한다. 물론 초청은 아내가 하는 것으로 남편은 오직 둘이서만 외식하는 것으로 알게 해야 한다. 속도원들과 함께 깜짝 이벤트를 준비하여 대접하고 축하해주고 선물도 준비한다. 그러면 남편의 마음에 교회에 대한 이미지가 달라지고 마음 문이 열리는 것이다. 이것은 내가 목회하는 동안 10년 가까이 실시하는 것으로 속회에서 인기 있는 프로그램 중 하나다.

(4) 소금(Salt) 전도(이미지 전도)

첫 주 속회헌금으로 속회 주변지역을 전도하는 방법이다.

① 선물은 효과가 매우 크다. 작은 선물을 활용하라.

② 끊임없이 봉사하라.

③ 작은 필요들을 무시하지 말고 그냥 선물하라.

④ 이미지 개선을 위해 속회원 모두가 개인적으로 손해를 보더라도 물건을 사는 방법을 실천하라.

소금의 특징은 자신을 녹여 스며들게 함으로써 부패를 방지하고 보존하는 능력이다. 지역사회를 전도하는 것은 쉽지 않다. 많은 행사를 한다고 전도되는 것이 아니다. 이슬비에 옷 젖는 것 같이 지속적으로 끊임없이 스며드는 방법을 통하여 교회에 대한 이미지를 바꾸고 그러한 노력이 교회에 대한 친화력과 긍정적인 영향력을 미치기 때문이다. 목회하며 속회를 통한 전도가 가장 많은 부분을 차지하는 것 중 하나가 바로 소금전도법이다. 첫 주 속회헌금을 속장들에게 돌려주어 속회 주변지역에 사는 주민들에게 끊임없이 다가가는 방법인데 그것은 여러 가지 방법을 사용할 수 있다. 지역 사람들은 말은 하지 않아도 누가 집사인지 권사인지 교인인지 알고 있다. 바로 이러한 말없는 제3의 눈들이 보는 이미지가 전도와 직결되기 때문에 손해 보면서 물건사기 등의 방법이 중요한 것이다.

3) 웨슬리의 길거리 전도

길거리란 의미는 말 그대로 길거리(노방전도)이며 또한 찾아가는 전도(방법의 다양성)로 현장성이 있는 전도를 의미한다.

(1) 길거리 전도의 대가 존 웨슬리

웨슬리는 1791년 3월 2일(수) 오전 10시, 마지막 임종 때까지 전도를 쉬지 아니했다. 웨슬리는 88세 성역 54년간 42,400회 설교하였고, 434권의 각종 저서를 남겼고, 해마다 8,000km 이상의 전도 여행을 다녔다. 일생 말을 타고 전도한 거리는 334,672km가 된다. 웨슬리가 조지 휫필드의 초청으로 킹스우드에서 야외 설교를 들으며 사람들이 성령 받고 회심하는 것을 보며 그의 신앙이 달라진 것은 마치 베드로가 고넬료 백부장의 초청으로 그의 집에 가서 복음을 전할 때 성령의 역사를 보면서 이방인에게 복음을 전하는 계기가 되었던 것과 같다. 웨슬리는 그날 오후 브리스톨에 있는 한함마운트 근처 우시장(지금은 공장)에서 1500명에게 첫 설교를 시작한다. 그것이 1739년 4월 2일 오후 4시이고 성경 본문은 누가복음 4장 18~19절과 이사야 61장 1~3절이었다.

한함마운트에 있는 동판에 이런 글귀가 있다.

"교회 안이건 교회 밖이건 우리의 책임은 영혼을 구원하는 것이다."

"세계는 나의 교구다."

(2) 어원적인 의미(길거리)

갈릴리 해변을 다니시다가(마 4:18), 더 가시다가(21), 온 갈릴리에 두루 다니사(23)

① '길거리' 는 나간다는 것을 말한다.

나가는 것은 용기가 필요하다. 웨슬리도 나가기까지는 신앙적인 갈등이 있었다. 영국교회인 성공회의 전통은 하나님의 말씀은 오직 강단에서만 선포되어야 하며 강단 외에서 거룩한 하나님의 말씀을 선포하는 것은 죄라고 하였다. 성공회에서 안수 받은 웨슬리의 입장에서 처음 휫필드에게서 길거리 전도를 제의 받았을 때 그리고 킹스우드 야외에서 설교를 들을 때 못마땅하게 생각한 것은 이러한 이유였다.

② 우리가 전도자가 되려면 먼저 '오라'에 있다.

· 제자들은 주님에게 먼저 왔고 변화된 것이다. – 하나님은 사람들을 먼저 부르시고(calling 소명) 성령의 역사로 거듭나게 하시고(변화) 그 다음 전도자로 보내시는 것이다. 하나님의 방법 = (Calling/Changing/Transformer)

· 바울은 부르심 받기 전에는 핍박자 → 주님을 만나 변화 → 전도자가 되었다.

· 웨슬리가 주님께 오기 전에는 제 멋대로 좌충우돌하였다. 인간적인 노력도 많이 하였다. 그러나 거듭나지 않은 전도자는 아무런 능력도 열매도 없다는 것을 경험한다. 경건의 모습이 능력을 가져오는 것이 아니다

③ "가라" 기다리는 것이 아니라 적극적으로 찾아가라는 것이다. 이웃집에 불이 났다면 외쳐야 하고 가야 하는 것이다. 잃어버린 양에게로 가라(마 10:6). 너희를 보냄이 양을 이리 가운데로 보냄과 같다(16). 주님은 보내시는 분이시다.

"웨슬리는 어떤 좋은 기회가 오기를 기다리지 않았으며 사람들이 '예수님을 전해 주세요' 요구해 올 때를 기다리지 않았다. 그가 먼저 찾아 가서 새벽을 깨우듯 어두운 죄악(마음)들을 흔들어 관심을 일으키고 예수님(복음)을 받아들이게 하였다." –「불타는 전도자 존 웨슬리」, 홍성철 저

영국의 서부 콘월지역의 그웨냅 피트(광산지역으로 움푹 패인 곳)는 웨슬리가 가장 좋아하는 야외 설교지였다. 그는 말하기를 "이곳은 하나님께서 예비하신 지붕 없는 대성당(open Cathedral)이라고 하였으며 평생 18번이나 다니며 전도하였다. 웨슬리는 "야외설교를 포기하면 복음전도를 포기하는 것이다."라고 하였다.

④ 보냄 받은 자는 철저한 보호를 받는다.

성령이 함께 하시고(마 10:20)

· 사람이나 사탄도 두려워 말라. (마 10:28) "몸은 죽여도 영혼은 죽이지

못하는 자들을 두려워 말고"

· 머리털까지 세신바 되었다(30절) - 20년 동안 모진 시련을 당하면서 폭력배들을 대하는 노하우를 얻게 된다. 폭도를 만났을 때의 방법을 다음과 같이 알려준다. 첫째 똑바로 상대방의 눈을 쳐다볼 것. 둘째 절대로 도망가거나 성급하게 행동하지 말 것. 셋째 말을 하지 말 것이다.

(3) 길거리 전도자의 소명

① 거듭나야 한다. 웨슬리의 올더스게이트(Aldersgate)의 성령체험이 옥스퍼드에서 브리스톨로 가게 만들었다. 찰스 웨슬리도 거듭난 후 음악적인 재능이 나타났다.

② 소명에 대한 확신을 가져라. 하나님은 우리를 거리의 전도자로 부르셨다. 우리는 모두 길 가는 나그네다. 웨슬리는 킹스우드 야외 집회에서 하나님의 부르심을 받는다(Field air Preaching). 웨슬리는 전도하면서 소명을 확신하고 7세 때 불속에서 구해주신 사건을 하나님의 소명으로 고백한다.

③ 영혼사랑이 가슴에서 일어나지 않으면 열매가 없다.

(4) 길거리 전도 신학

① 길거리 전도는 구원사역의 신학이다.

② 모든 인생은 길 가는 나그네와 같고 엠마오 도상의 제자들에게 복음을 전하신 예수님은 길거리 전도의 모델이다.(눅 24:13~36)

③ 길거리 전도는 씨앗을 뿌리는 농부의 모델이다.(마 13장)

④ 길거리 전도는 찾아가는 신학이다.(목자의 마음, 요 10장).

⑤ 예수님이 길거리 전도자이셨다.(마 4:10~25)

⑥ 길거리 전도의 주체는 성령이시다(행 13장). 성령은 바울과 바나바를 따로 세우라 하셨고 길거리 전도자로 만드신다.

(5) 길거리 전도자의 자세

① 목자의 마음을 가져야 한다.

② 담대한 마음을 가져야 기회를 놓치지 않는다.

③ 철저한 기도와 성령으로 무장해야 한다.

④ 훈련을 받아야 한다.

⑤ 사람을 외모를 보지 말고 그 심령을 보고, 배후에 있는 사탄의 세력을 보아야 한다.

⑥ 복음을 전해라.

⑦ 영적인 권위를 가져라.

⑧ 끈질긴 마음으로 헌신하라 .

⑨ 비둘기같이 순결하고 뱀같이 지혜롭게 하라.

(6) 감리교 전통에서 본 길거리 전도자

① 목사가 있다

② 평신도 순회 설교자(Lay Circuits Preachers) - 이들이 전도사 장로가 되었다.

③ 미국에서는 travel lay Preachers 들이 서부 개척에서 교회를 세우기 시작했다. 개척자/전도자/까마귀가 우체국 보다 많았다.

④우리 모두는 다양한 길거리 전도자가 되어야 한다.

결론

전도는 전도자들이 확신과 열정이 있어야 한다. 방법은 몸으로 체험해야 한다. 그리고 지속적인 돌봄의 자세로 접근하고 세워줄 때 또 다른 증인의 전도자가 만들어져서 지속적인 성장이 이루어진다.

1. 돌봄을 위한 예화

돌봄의 무지개

뉴욕의 즉결재판부에 한 노인이 피고석에 초라하게 서 있었다. 노인은 '배가 고파 빵을 훔쳤다'고 한다. 판사는 그에게 10불의 벌금형을 선고한 후 그리고는 즉시 자기 지갑에서 10불을 꺼냈다. "저 사람의 벌금 10불은 내가 내겠다. 이토록 배고픈 사람이 뉴욕 거리를 헤매는 동안 나는 너무 좋은 음식을 배불리 먹었으므로 벌금으로 내는 것이다." 그는 중절모를 벗어서 10불을 넣었고 그 모자를 재판정에서 돌렸다. 감동을 받은 사람들이 돈을 꺼내서 모자 안에 넣었다. 노인은 벌금 10불을 내고도 47불의 돈을 가지고 나가게 되었다. 그는 법도 살리고, 사랑도 살린 것이다. 이 판사가 후에 뉴욕 시장이 되었다. 그가 바로 역대 뉴욕 시장 중 존경 받는 시장으로 알려진 '라과디아'였다.

나보다 더 잘할 거야

펌프질을 해야 소리가 나는 오르간(풍금)을 사용할 때의 일이다. 오르간을 배워서 연주가가 되려는 한 젊은이가 연주회를 열었다. 오르간의 펌프질을 할 사람을 구해 놓았는데, 그 사람이 갑자기 병이 들어 올 수 없게 되었다. 그 때 나이 지긋한 한 신사가 자신이 펌프질을 하겠다고 나섰다. 그는 당시 아주 저명한 작곡가요, 연주가였다. 연주를 마치고 난 후 그에게 한 기자가 질문한다. "유명하신 분께서 무명의 젊은이를 위해 그렇게 수고하신 이유가 무엇인가요?" 그러자 그분이 말하였다. "우선 나는 음악을 사랑하기 때문이요, 둘째는 그 젊은 연주가를 격려하기 위해서였소."

남들이 자라도록 돕는 것은 그리스도인의 사명이다. 주님께서는 우리에게 제자를 삼으라고 하셨다. 그런데 제자를 삼는다는 말은 사람을 키우라는 말이며, 그 사람이 자라도록 이끌어주고 또 그가 나가서 다른 제자를 만들어 돌봄의 사역을 하라는 뜻이다.

돌봄의 마중물

김장환 목사는 "내가 다른 사람의 도움을 받아 여기까지 왔기 때문에 이제는 내가 다른 사람에게 디딤돌이 되어야 한다는 일념으로 살아왔다."고 말한다. 수원 농고 1학년 때 6·25 전쟁이 일어났는데 당시 미군 부대에 하우스보이로 일하다가 '칼 파 워스'를 만났다. 그의 도움으로 17세에 미국 유학을 가게 되어 세계적인 목사님이 된 것이다. 빌리그래함 집회 때 여의도 광장에서 뛰어난 통역으로 잘 알려진 목사님은 가능성이 있는 젊은이들을 미국의 후원자와 연결해 미국 유학을 보내는 일을 계속하고 있다. 그런 분 중 한 사람이 바로 지구촌교회 이동원 목사다.

영혼을 구원하는 돌봄의 전도

김익두 목사님이 큰 나무 밑에서 땀을 식히고 있는 농부 몇 사람에게 전도하였다. "예수 믿고 천당 갑시다."하니 "우리 동네에서는 전도할 생각하지 마시오."하였다. "왜 그러시오 무슨 일이 있었나요?" 물으니, "며칠 전 동네에 벼락이 떨어졌는데 멀쩡하던 나무가 벼락을 맞고 쓰러졌수다. 아니! 나무가 무슨 죄가 있단 말이요. 하나님도 눈이 삐었지, 그러한 엉터리 하나님은 안 믿을 테니 어서 다른 마을로 가서 열심히 해 보시오."하는 것이었다. 이 말을 듣고 어떻게 할까 생각하다가 성령께 기도하니 지혜를 주신다. "여보게 젊은이 자네 학교 어디까지 나왔는가?" "중학교까지 나왔습니다." "그럼, 공부시간에 학생들이 선생님 말 안 듣고 떠들면 선생님이 어떻게 하시던가?" "이놈들아 조용히 해라, 하시면서 칠판을 탕탕 때리지요." "그래, 그래도 말을 안 들으면 어떻게 하지?" "그 다음에는 그 매가 머리로 날아오지요." "바로 그거야, 하나님도 처음부터 사람을 치지 않네, 다른 것을 쳐서 경고를 하는 거지." "자네 그런 소리 함부로 하는 걸 보니 예수 안 믿으면 다음 차례가 자네 일 것 같네" "자네 회개하고 예수 믿겠는가?" 그렇게 해서 그 청년을 그리스도인으로 만들었다.

혀와 이

노자의 스승이 병세가 짙어서 돌아가시려 되자 노자가 욕심이 났다. '스승이 돌아가시기 전에 내가 가르침을 다 받아야 하는데.' 그래서 노자는 병석에 누워 계신 스승을 찾아가서 "사부님, 제가 왔습니다. 저에게 귀한 가르침을 주소서." 하였다. 그 스승이 가만히 누웠다가 눈을 조금 뜨고 노자에게 하는 말이 "네 이가 있느냐?" 물었다. 옛날 사람이라 이가 신통찮으니까 "이가 없사옵니다." 하자 "네 혀가 있느냐?" 물었고, 혀는 멀쩡하니까 "예, 혀는 있습니다." 하였다. 그러자 스승이 "됐다. 가봐라." 하는 것이었다. 그때 노자가 '아, 바로 이것이구나!' 깨닫고 "선생님, 감사합니다." 하고 돌아갔다는 이야기다.

물고, 뜯고, 씹고, 가르고, 강한, 항상 혀를 무는 이는 벌써 다 없어졌는데, 항상 씹히고, 이에게 봉사하고, 아무 힘없는 혀는 아직도 멀쩡하니 '이놈아 살아남으려면 건방지게 굴지 마라. 강한 척, 잘난 척 하지 마라. 강한 이는 없어지게 생겼고, 약한 혀가 아직도 남아 있는 것을 배우라.' 는 가르침을 준 것이다.

천국과 지옥

한 사람이 죽어서 천국에 갔다. 그 사람은 베드로에게 지옥을 구경시켜 달라고 한다. 마침 점심시간에 가보니 끝이 보이지 않는 긴 식탁에 진수성 찬이 가득했다. 그런데 사람들은 뼈만 앙상한 모습이었다. 지옥 사람들의 손에는 1m짜리 긴 젓가락이 들려있는데 그것으로 자신의 입으로만 음식을 넣으려고 아우성이었다. 그러나 긴 젓가락 에 매달린 음식은 하나도 자신들의 입에 들어가지 않고 흩어진 것이다. 지옥은 굶주림에 지친 사람들로 아비규환이었다.

천국에 와보니 그곳에도 똑같은 식탁이 차려져 있고 사람들이 손에 긴 젓가락을 들고 있었다. 그러나 천국 사람들은 질서 정연하게 음식을 먹고 있었다. 긴 젓가락으로 음식을 집어 상대방의 입에 넣어주는 것이다. 돌봄의 사역을 잘하는 곳이 천국이다. 지옥은 나만 생각하기 때문에 자기 욕심에 눈이 멀어 남을 돌보는 것이 아니라 적이라 생각한다. 결국 자신을 죽이는 꼴이 된 것이다.

대저택(밴 다이크 소설)

밴 다이크의 소설에 등장하는 대저택은 천국에 대한 이야기다.

한 부자가 죽어서 하늘나라에 갔다. 자신의 집이라고 가보니 비가 새고 허름한 오두막이었다. 그 옆에는 으리으리한 대저택을 짓고 있었다. 부자가 천사에게 물었다. "도대체 저 웅장한 대저택의 주인은 누구인가?" "당신 옆집에 사는 가난한 의사요." 부자는 깜짝 놀랐다. 그 의사는 동네에서 작은 의원을 운영하며 마을 사람들의 질병을 무료로 치료하느라 평생 가난에서 벗어나지 못했다. 천사는 놀란 표정을 짓는 부자에게 말했다. "땅에서 쌓은 선행은 모두 하늘나라로 배달된다. 당신의 선행은 오두막의 지붕을 씌우기에도 부족할 정도다. 당신은 자신만을 위해서 살았지만 저 의

사는 평생 동안 남을 돌보며 사랑을 베풀며 살았다. 그가 베푼 사랑은 대
저택을 짓고도 남을 분량이다."

우리가 베푼 사랑은 반드시 하늘나라에 배달된다.

슈퍼맨 주인공 '크리스토퍼 리브'

세계의 어린이들의 꿈과 희망이었던 그는 1995년 승마를 즐기다가 낙
마, 목뼈 골절로 전신마비 장애인이 되었다. 침대에 누워 꼼짝도 못하는
그는 어떻게 하면 자살할 수 있을까를 생각하는 그에게 한 여인이 키스하
며 속삭인다. "당신은 여전히 제 사랑하는 남편이에요, 그 사랑은 조금도
변함없어요." 아름다운 아내 다나의 속삭임에 위로와 용기를 얻은 그는
재활훈련에 나섰다. 그의 팔다리는 조금씩 움직이고 장애인들에게 희망
을 심어주는 일을 하고 있다. 그는 말하기를 "사고를 당하기 전에는 사람
과 사랑에 대해 정말 무관심했다. 이제는 사랑이 얼마나 소중한 것인지 안
다."

그는 살아 있는 동안 행복하게 지냈다. 지혜로운 아내의 돌봄과 사랑은
자살을 생각하는 남편을 위대한 제2의 인생을 살게 한 것이다. 사랑의 돌
봄은 새로운 창조를 이룬다.

어머니의 돌봄의 사랑은 독을 이긴다

깊은 산골에 사는 농부 남편은 한 달에 한번 장 보러 나가면 3일씩 걸린
다. 그때마다 아내는 세 살 된 딸과 돌이 갓 지난 아들과 함께 지냈다. 그
런데 한번은 아내가 장작더미를 들려는 순간 독사가 발을 물었다. 독사의
독이 온 몸에 퍼지는 것을 느낀 아내는 필사적으로 아궁이에 불을 지피고
우유를 데우고 음식을 장만하기 시작한다. 빨래를 개고 남편이 돌아올 동
안 아이가 먹을 수 있는 것들을 만들기 시작한다. 땀은 비 오듯 하고 점점

마비되는 몸을 움직이려 애쓰느라 얼마나 힘든지 온 몸이 땀으로 흠뻑 젖는다. 몇 시간이 지난 후 아내는 자신이 아직도 살아 있음을 알고 깜짝 놀란다. 점점 정신이 맑아지면서 어떻게 된 일인가 생각해보니 만약 어머니가 주저앉아 신세 한탄이나 하고 원망했다면 죽었을 것이다. 그러나 어머니는 자신이 죽기 전에 남편이 돌아올 동안 먹을 것을 준비해 주기 위해 수고한 것이 자신을 살린 것이다. 온전한 사랑은 두려움을 내어 기도 하지만 돌봄은 자신을 살리는 것이다. -가이드포스트

다이아몬드의 4C / 인간의 5C

C- Clarity - 투명도 - 보석과 사람은 맑음의 정도에 따라

C- Carat - 무게 - 가벼운 사람은 인정받지 못함

C- Color - 색깔 - 가치 있는 보석일수록 신비한 빛을 발함

C- Cut - 모양과 결 - 보석은 깎는 각도에 따라서 빛을 발함(사람도 잘 조화된 인격)

C- Christ - 그리스도인- 인간은 그리스도의 피에 씻음 받고 그분의 손길로 새로 빚어질 때 '걸작'이 된다.

잘사는 나라 노인들의 데모

세계에서 가장 복지정책이 잘된 나라는 핀란드와 노르웨이이다. 그러나 어느 날 노인들이 데모를 하기 시작했다. 그들이 들고 외치는 피켓의 내용은 "외로워서 못 살겠다. 가족을 돌려다오."였다. 이것은 무엇을 말하는가? 사람이 떡으로만 사는 것이 아니라는 것을 반증하는 것이다. 돌봄의 사역이 중요한 것은 사람을 사랑하고 돌보는 것으로 전인적인 돌봄이 필요함을 의미한다.

억지로 안 되는 복

야곱과 라반의 계약에서 라반이 열 번이나 계약을 위반하지만 하나님은 야곱의 편을 들어주셔서 부자가 된다. 축복은 인간의 수단 방법으로 되는 것이 아니라 하나님의 허락으로 되는 것이다. "하늘은 스스로 돕는 자를 돕는다."고 한다. 복을 받고자 하면 스스로 자신을 돌보아야 하며 사랑 받는 것이 자신에게 있다는 것이다. 야비한 속임을 당하면서도 성실히 양만치는 야곱이 외삼촌 라반에게는 바보처럼 보였겠지만 하나님은 야곱의 손을 들어주신 것이다. 하나님께서 그대로 버려 둘 수 없는 사람, 하나님 마음에 간직한 자가 되도록 스스로 자기를 돕는 자가 되어야 한다.

복은 하나님의 주권 속에 있다. 타인의 계략으로 내 복을 빼앗겼어도 그것을 돌려받는 것은 내가 싸워서 찾는 것이 아니라 하나님이 빼앗아 주셔야 내 것이 되는 것이다.

"너의 행사를 여호와께 맡기라 그리하면 그의 경영하는 것이 이루리라."(잠 16;3)

세상의 부를 내 마음대로 얻으려 하기 때문에 죄를 짓는 것이다.

"부와 귀가 주께로 말미암고 또 주는 만유의 주재가 되사 손에 권세와 능력이 있사오니 모든 자를 크게 하심과 강하게 하심이 주의 손에 있나이다."(대상 29:12)

섬김의 미학 MK 택시

일본의 MK 택시는 일반 택시보다 10% 저렴하지만 서비스에서는 최상이다. 교토 시민들은 이 택시를 자랑으로 여긴다. 전부 대졸 운전자로 채용해서 학사 운전자로 알려져 있다. 60년에 10대로 시작하여 현재 34개의 주유소, 수백 대의 택시를 소유한 최고의 운수 회사가 되었다. MK 택시 주인인 유봉식, 태식 형제는 독실한 크리스천으로 성경에서 경영비결을

배웠다고 한다. "섬김을 받으려면 먼저 섬기는 자가 되어라." 이들은 운전
자를 가족처럼 섬겼고, 그 결과 운전자들은 손님에게 최고의 서비스를 하
게 된 것이다.

사랑의 천사 나이팅게일(Florence Nightingale, 1820~1910)

나이팅게일은 1820년 5월 20일 부모가 이탈리아를 여행하던 중 플로란
스(피렌체) 에서 태어난다. 부모는 르네상스의 중심이었던 그 지방의 이름
을 따서 플로란스 나이팅게일 이라고 이름을 지었다. 당시 영국 사람들은
여자에게 학문을 가르치지 않았다, 그러나 그의 아버지는 너무나 딸을 사
랑하여 최고의 교양과 문법, 작문, 불어 독어 이태리어, 라틴 그리스어에
수학 철학 역사 음악 회화 수예까지 가르친다. 특히 크리스티라는 가정교
사에게 신앙을 배우며 선한 사마리아 사람의 이야기에 감동된다.

1837년 영국에 심한 유행병이 돌 때 17세의 나이팅게일은 불행한 사람
들을 돌본다. "하나님은 나에게 당신을 따르라고 하셨다."라고 일기에 기
록한다. 간호학을 배우기로 결심하지만 부모님의 철저한 반대로 11년 만
에야 허락을 받는다.

당시 영국사회에서 간호사는 타락한 여성들로 알았던 시절이다. 처음
으로 영국 자선병원의 감독 일을 맡았고, 병실 청결과 환자들의 영양을 위
해 힘쓰고 간호사들의 피로를 덜어주기 위해 음식을 달아 올리는 시설을
개발하기도 했다.

31세 때 독일로 가서 간호학을 연구하고 런던에서 간호사 양성학교를
세운다. 1853년 러시아와 터키의 크리미아 전쟁에 영국과 프랑스가 참전
하여 터키를 도왔는데 영국군의 반이 희생자라는 말을 듣고 자원한다.
1854년 육군 장관의 의뢰를 받아 간호사 총감독의 직책으로 38명을 이끌
고 전쟁터로 간다. 부상병이 속출하고 콜레라까지 겹쳐서 수많은 이들이

죽어갔다. 거의가 비위생적인 것에서 오는 페스트 때문이었다. 게다가 권위를 앞세운 의사들의 노골적인 차별 때문에 간호사들은 병실에도 제대로 들어가지 못했다. 그러나 그녀는 청소, 세탁, 요리, 물자공급 등 어느 것도 가리지 않고 열심히 일했다. "우리에게는 우리의 사명이 있다."고 외치며 의사들의 차별에도 아랑곳 하지 않고 헌신한다.

병자들의 간호를 위해 24시간을 계속 서서 일하기도 하고, 마룻바닥에 무릎을 댄 채 8시간 붕대를 감기도 하고 혼자 죽어가는 병사들이 없도록 매일 기도하며 병자들 곁을 돌았다. 너무나 열심히 하여 병사들이 말하기를 "그녀는 같은 시간에 이쪽에도 저쪽에도 있다."고 믿었다는 것이다.

그녀의 희생적인 봉사와 돌봄으로 부상자의 사망률이 100중 2명으로 줄어들자 '크리미아의 천사'로 소문나기 시작하였다. 영국의 수많은 사람들이 간호 사업에 써 달라고 의연금을 보내왔다. 전쟁이 끝나고 그녀는 위대한 인물이 되어 있었다. 그는 여생을 간호학의 진보를 위해 힘쓰다가 1910년 8월 13일 90세에 잠자는 중에 별세했다.

손과 발의 돌봄의 원리

돌봄의 사역은 우리들이 가지고 있는 손과 발을 통하여 이루어지는 것이다. 그러므로 손과 발의 기능을 다음과 같이 사용한다면 효과적이다.

손과 발의 의미

S – Sacrifice (희생의 손은 주님의 손을 대신하는 것이다)

O – Others (이웃사랑은 타인을 향해야 하는 것이다)

N – nurse (돌봄의 마음은 간호사와 유모의 손같이 해야 한다)

발의 의미

B – Biblical (우리의 기초는 말씀위에 서 있어야 한다)

A – action (행동하는(찾아가는) 발걸음만이 영혼을 살린다)

L – life(생명은 부지런한 발걸음 속에 자란다)

엽기적인 아버지

어느 선생님이 퇴근길에 사거리에서 신호대기 중이었다. 옆을 보니 한 아버지가 오토바이에 아들을 태우고 있었다. 녹색 신호로 바뀌기 직전 오토바이는 부릉부릉 하더니 튀어나간다. 그런데 아들이 미처 잡지 못해 나동그라졌고, 아버지는 그것도 모르고 유유히 사라진다. 선생님은 놀래서 그 아이를 태우고 아간다. 오토바이를 세우고 아버지에게 아들을 넘기니 아버지가 아들에게 던지는 한 마디. "네 엄마는?"

혹시 우리가 이런 아버지인가? 돌봄이 필요한 이웃, 교우들을 지나치고 혼자만 천국 가겠다고 튀어나가는 사람은 아닌가?

속회에 대하여

속(束)(의존명사): 묶음, 뭇. 다발 등을 표현한 말이다.

묶을 속, 묶음 속, 약속할 속, 단속할 속/ bind / 결속

속: 마음 , 안

① 일정 공간, 내부를 이루는 곳

② 안에 들어 있는 중심이 되는 사물

③ 감추어진 일의 내용

④ 마음에 품고 있는 생각

⑤ 사리를 분별할 수 있는 힘이나 정신

屬: 생물 분류의 한 단위 / 科와 種의 중간

무리 속, 이을 속, 붙을 속, belong

贖: 형벌을 면키 위해 재물이나 노력 등을 바치는 것

贖錢을 내다

餕 : 한솥 안의 음식 속, 함께 음식을 나누는 친교의 의미

상대의 필요를 알고 돌보라

사우디아라비아에 우리나라 가전회사가 전기밥솥을 수출하였다. 그런데 제품이 좋지 않다는 불만이 많았다. 회사에서 제품의 품질을 조사해 보았다. 전기 부분도 아무 이상이 없었고 밥이 눌어붙지도 않았다. 회사에서는 전기밥솥에 아무런 이상이 없다는 결론을 내리고 더 이상 문제 삼지 않았다. 같은 제품을 그곳에 수출한 일본의 어느 전자회사도 똑같은 일을 당했다. 이 회사에서는 즉시 그곳으로 사람을 보내 사정을 알아봤다. 그 결과 사우디아라비아 사람들은 밥만큼이나 누룽지를 좋아하기 때문에 밥이 눋지 않는 밥솥은 좋은 제품이 아니라고 여긴다는 사실을 알게 되었다. 일본 회사에서는 곧바로 밥이 적당히 눌어붙도록 전기밥솥을 만들어 다시 수출하였다 결과는 대성공이었다.

기술은 같은데 왜 일본 회사에 뒤졌을까? 상대의 요구를 알고 있는가? 내게 필요한 것이라고 하여 상대도 그것을 요구한다고 착각하지 말자.

주는 것이 받는 것보다 복이 있다

1999년 11월 미국에서 동전을 구걸하던 노숙자 레이먼드 로렌스를 도운 선한 사마리아인 빈센트 존스에 관한 이야기다. 존스 씨는 뉴욕 맨해튼 시외버스 터미널 근처에서 술에 찌들고 고함지르며 구걸하던 로렌스를 3년간 계속 만나면서 관심을 기울였고 그가 가족을 만나도록 도왔다. 이런 일을 할 수 있었던 것은 어머니의 유언 때문이다. "일으켜 세울 생각이 없으면 내려다보지 마라." 나눠가질 줄 아는 사람은 자신의 것을 아낌없이 내놓는다. 하나님의 것이기 때문이다. 하나님께 받은 것을 남과 함께 나누는 것이 진정한 그리스도인의 삶이다. 핑계가 있으면 나누지 못한다.

"주는 것이 받는 것보다 복이 있다." 하신 주님의 말씀을 깨달은 사람만이 이것을 실천할 수 있다.

하나님이 돌보심(왕상 19:4~8)

로뎀나무 아래서 절망한 엘리야는 차라리 죽는 것이 낫다고 하면서 죽기를 작정한다. 이렇게 탈진한 엘리야를 아무도 돌보지 않았지만 하나님은 외면하지 않으신다. 하나님은 그에게 떡과 물 한 병을 주시고 어루만지시며 일어나 먹으라고 하신다. 다시 깊은 잠에 빠진 그에게 떡과 물을 주시고 어루만지시며 격려하시는 하나님은 일어나 먹으라 하신다. "네가 가야할 사명의 길에 너무 지치면 가지 못한다. 용기를 내라. 내가 너와 함께 있지 않느냐." 엘리야는 먹고 마신 후 다시 힘을 얻어 40주야를 달려 호렙산에 이르고 마지막 사명을 완수한다. 돌봄을 받지 않아도 될 사람은 없다.

진정한 승리

미국의 부시 대통령에게는 '선거의 천재'로 부르는 참모 리 애트워터(Lee Atwater)가 있었다. 부시가 대통령 선거에서 승리한 것은 '애트워터 전법'에 힘입은 바가 컸다. 이 전법의 핵심은 두 가지였다. "상대방을 파괴하지 못하면 내가 죽는다." "적의 적은 아군이다. 이를 이용해 적을 물리쳐라."

1988년 대통령선거 때 애트워터는 부시의 선거운동을 총지휘했다. 그는 상대방의 약점을 잡으면 무차별 융단폭격을 퍼부어 굴복시켰다. '선거의 천재'인 애트워터. 그는 불행히도 서른아홉의 젊은 나이에 뇌종양에 걸려 숨졌다. 그는 병실을 찾은 젊은이들에게 눈물로 호소했다. "파괴는 승리가 아니었다. 나는 실패자다. 예수 그리스도의 사랑과 용서가 진정한 승리인 것을…."

양의 가치

"좁은 문으로 들어가라 멸망으로 인도하는 문은 크고 그 길이 넓어 그리로 들어가는 자가 많고"(마 7:13)

히말라야 고산족은 양을 매매할 때 그 크기에 따라 값을 매기는 것이 아니라 양의 성질에 따라 값을 매긴다. 가파른 산비탈에 양을 놓아두고 살 사람과 팔 사람이 함께 지켜본다. 이때 양이 비탈 위로 풀을 뜯기 위해 올라가면 몸이 마른 양이라도 값이 올라가고 비탈 아래로 내려가면 양이 살이 쪘어도 값이 내려간다. 위로 올라가려는 양은 힘이 들어도 넓은 산허리의 신선한 풀을 얻지만 아래로 내려가는 양은 지금 수월하지만 협곡 바닥에 이르러서는 굶주려 죽기 때문이다. 우리의 시선은 쉬운 것들에 집중하려고 한다. 그러나 현실 이면의 그림을 볼 수 있어야 한다. 땀과 피를 흘려야 볼 수 있는 세상을 보는 자만이 값진 인생을 살 수 있다.

양의 특성

양은 넘어지면 스스로 일어나지 못한다. 넘어지면 위에 가스가 차기 시작하며 굳어지면서 몇 시간 내로 죽는다. 그러므로 먼저 바로 놓은 후 다리부터 마사지하여 마비된 다리를 풀어준다. 그리고 배 부분을 한 손으로 받치면서 등을 돌려 살살 걷도록 하면 다리가 힘을 얻어 제 갈 길로 가는 것이다.

기러기들의 협력의 원리

기러기는 V자로 날아간다. 이는 선두 기러기가 기류의 파동을 일으키면 뒤 따르는 기러기들이 양력을 얻어 자기 능력보다 71%를 더 갈 수 있기 때문이다. 뒤따라가는 기러기들은 계속해서 소리를 지르는데 사람들은 그것을 울거나 노래한다 본다. 그런데 사실은 우는 소리가 아니라 격려

하며 앞서가는 기러기를 응원하는 소리다. 만일 기러기 중에 총에 맞거나 병들어 떨어지면 두 마리가 함께 내려가서 죽든지 다시 회복하여 합류할 때까지 돌본다는 것이다. 그리고 보면 기러기들의 협동정신과 돌봄의 정신은 우리가 본받아야 할 것들이다.

큰 인물로 키우는 7가지 비결

월드컵 4강 진출은 우리 국민에게 '할 수 있다'는 자신감을 심어주었다. 자녀교육에서도 이 원리를 적용하면 어떨까? 가정사역가들은 "너는 대단하구나"와 "정말 잘했어요"라는 부모의 격려는 자녀에게 큰 용기를 불어넣어준다고 말한다.

미국의 가정사역자 캐럴 래드는 「긍정적인 엄마의 파워」(나침반)에서 '격려 기도 태도 관계 모범 도덕 사랑 용서' 등이 자녀를 큰 인물로 키우는 요소라고 강조한다.

① 격려의 파워: 격려하는 습관이 몸에 밸 때까지 자녀들의 감정연료탱크를 칭찬으로 가득 채워야 한다. 독특한 표현으로 상황에 적합한 칭찬을 미리 생각해둔다. 메모지나 카드에 한두 문장을 써 아이들의 베개 위, 도시락 안, 신발 속, 방 문, 이불 속, 교과서나 성경 갈피에 끼워두며 창의적으로 칭찬한다.

② 기도의 파워: 성경을 탐독하고 가족을 위해 기도할 수 있는 약속의 말씀을 모두 찾아내라. 기도용 성경 노트 일기에 기도제목을 기록하라. 기도 요청을 적어놓은 기록들은 항상 기도를 생각나게 하는 장치가 된다. 기도가 하나님의 변치 않는 말씀에 근거하고 있음을 확신하고 기도한다.

③ 태도의 파워: 감사를 가르친다. 아이들이 자신들을 향한 하나님의 사랑, 돌보심을 항상 기억하도록 '감사 포스터'를 방에 붙인다. 또 게시판을 마련해 감사의 메모들을 압정으로 꽂아 놓는다. 이런 시각적 자극물은

자녀들이 늘 감사하는 쪽으로 생각하도록 돕는다.

④ 관계의 파워: 긍정적인 부부관계는 가족에게 귀중한 영향을 미친다. 자녀에게 줄 수 있는 최고의 선물은 엄마와 아빠가 조화를 이루며 결혼생활을 견고히 해나가는 것. 또 경험 많은 엄마들과 친분 관계를 맺어 서로 기도하고 정보를 교환한다.

⑤ 모범의 파워: 엄마가 자녀에게 일을 시키기 전에 그 일을 어떻게 해야 하는지 몸소 보여줄 때 사랑 이상의 의미가 전달된다. 훌륭한 조언은 혼란스럽지만 본보기는 항상 명확하다. 이외에도 부활절 광복절 추수감사절 성탄절 등의 특별한 절기에는 가족이 함께 하는 전통을 만든다.

⑥ 도덕규범의 파워: 하나님의 진리를 자녀들에게 전해야 할 주된 임무 수행자는 부모다. 가르칠 수 있는 기회를 항상 찾아야 한다. 아침식사 식탁에 둘러앉을 때, 등교 길이나 자동차 안에서 십계명을 가르치고 주위 사람들과 어떻게 관계를 맺어야 할지를 가르쳐라.

⑦ 사랑과 용서의 파워: 하나님은 사랑이시기 때문에 사랑은 하나님께로부터 온다. 우리가 자녀들에게 줄 선물은 하나님께서 자녀를 향해 갖고 계시는 하나님의 그 사랑을 반영하는 진실한 사랑이다. 자녀들이 의식적으로 불순종하면 순종을 배우도록 징계해야 한다. 그러나 자녀들이 실수할 때 필요한 것은 용서다.

하나님의 형상을 과학적으로 증명

미국 에모리대학 정신의학 행동과학 연구팀은 의학전문지 〈뉴런 Neuron〉에 "사회적 협력을 위한 신경계의 기초"란 제목의 논문을 통해 다음과 같은 이론을 펼쳤다.

"사람이 서로 이타적인 행동을 보이는 것은 선한 행동이 즐거운 느낌을 주기 때문이다. 협력적인 태도를 보일 때 사람의 뇌에서 즐거움을 유발시키는 신경조직이 최고조로 활성화된다. 뇌신경의 활성화 체계가 사람의 이타주의를 강화시키는 반면 이기적 행동을 억제하고 있다. 사람은 서로 협력하도록 신경계가 연결돼 있다는 사실을 확증해 주고 있다."

이것은 하나님이 인간을 만드실 때 하나님의 형상대로 선하게 디자인 되었다는 성서의 기록을 뒷받침하는 것이다. 그동안 인간의 협동정신이 인류의 조상이 사냥이나 농작물 등을 경작할 때 생존전략상 필요에 의해 진화된 산물이라는 인류학과 인류진화학의 주장을 정면으로 뒤집는 연구 결과다. 인간은 관계 DNA를 가지고 있으며 다른 사람을 돌보고 사랑할 때 뉴런이 빛을 발하며 건강하게 된다는 것이다.

인간이 선을 행함으로 뇌가 즐거움을 느끼고 활성화된다는 것은

① 사람은 창조 당시 하나님의 형상을 따라 선하게 만들어졌음을 의미
 (창 1:27)

② 선을 행하는 것이 하나님의 뜻이며(벧전 3:17)

③ 선을 간절히 구하는 자는 은총을 얻을 뿐 아니라(잠 11:27)

④ 선을 행할 줄 알고도 행치 않는 것은 죄(약 4:17)라고 밝힌 성서의 말 씀을 과학적으로 뒷받침해주는 단서라는 것이다.

탐닉에 빠진 신유목민(2002. 10. 5 국민일보)

우리나라 성인의 9.3%가 도박에 중독되어 있으며 이들에 대한 사회적 비용은 연간 최대 10조 원을 넘을 것이다. 인코구룹 조사에 의하면 문제도 박자(경증) 5.5%(170만 명), 병적도박자(중증)3.8%(130만 명)에 달한다. 또한 전체도박중독자(300만 명) 중독비율을 보면, 경륜(44.4%) 경마(37.7%) 인터 넷도박(30.9%) 화투 카드(19.1%) 복권(18.1%) 등이다.

도박 중독자들은 어떤 것으로도 충족되지 않은 상실감을 가지고 있다. 이런 감정은 성장 과정에서 안정감과 중요감이란 욕구를 충족하지 못한

데서 오는 것이다. 심리학에 따르면 청소년기에 자아 정체성을 형성하지 못하면 성인이 된 후 역할의 혼돈을 갖게 된다. 특히 20~30대에 공동체의 친밀감 형성에 실패하면 외로움이란 마음의 우물을 갖게 되고 이때 즉각적인 쾌락을 찾는 탐닉현상을 보인다. 이들은 유목민처럼 늘 새로운 탐닉 문화 사냥에 나서고 이들의 심리에 상업문화가 편승해 각종 도박에 빠지게 되는 것이다. 탐닉이란 무서운 중독증의 세포는 인간의 정신세계를 단번에 병들게 하고 가정파탄과 각종 범죄를 유발시킨다. 경험자들에 의하면 이들은 혼자 힘으로는 도박을 끊을 수 없고 집단 치유모임에 참여하는 것이 도박에서 빠져나올 수 있는 지름길이라고 한다. 돌봄 공동체가 필요한 이유다.

연장들의 회의

어느 날, 목공소의 연장들이 회의를 열었다. 사회는 평소와 같이 망치가 맡아 보았다. 그런데 회의 도중 회원 중 몇몇이 반기를 들고 사회자 망치에 대한 불만을 토로하였다. "망치는 항상 깨고 부수는 자요, 늘 소란을 피우는 자니 여기서 떠나야 합니다." 그러자 망치가 말했다. "좋습니다. 나 스스로도 나의 결점을 인정하므로 이곳을 떠나겠습니다. 하지만 나와 함께 떠나야 할 자가 있으니 바로 대패입니다. 왜냐하면 대패가 하는 일에는 전혀 깊이가 없고 늘 남의 껍질을 감싸기보다는 벗기기 때문입니다." 이에 화가 난 대패가 말하기를 "나뿐만 아니라 자(尺)도 나가야 합니다. 왜냐하면 자는 자기만 옳은 듯이 항상 남을 측량하므로 모두에게 덕이 되지 못하기 때문입니다." 그러자 조용히 듣고 있던 자가 벌떡 일어나더니 톱을 지적하면서, "톱은 연합 운동보다 분리 운동만 하고 있으니 여기에서 가장 불필요합니다." 라고 했다. 이 말을 들은 톱은 사포를 향해 소리치기를, "사포(sandpaper)! 너도 너무 거칠어." 이렇게 서로가 한창 다투고 있을 때 목수가 들어왔다. 그는 이 모든 연장들을 총동원하여 순식간에 아름다운 설교단을 만들어 놓는 것이 아닌가! 서로 약점만을 들추며 다투던 그들은 결점 많은 자신들이 이처럼 좋은 일에 쓰임 받은 사실에 감탄하면서 "우리가 나사렛 목수의 동역자들이구나!" 하며 좋아했다.

자신을 돌보지 못한 종

어느 시골 마을에 정년을 앞둔 두 명의 종이 있었다. 주인은 그들을 불러 마지막 과제를 주었다. 새끼줄을 꿰는데 평소와는 달리 최대한 가늘고 길게 꿰라는 것이다. 충실한 종은 주인에게 마지막 보답하는 마음으로 눈물을 흘리며 정성껏 꼬았다. 그러나 불충실한 종은 내일이면 떠나는 자기들에게 끝까지 부려먹는다고 불평하면서 새끼를 꼬는 둥 마는 둥 했다. 이튿날 주인은 그들에게 밤새 꼰 새끼줄을 가져오라고 했다. 창고 앞으로 간 주인은 자신들이 꼰 새끼줄에 엽전을 최대한 꿰어가라고 한 것이다. 불성실한 종은 당황해서 주인에게 다시 한 번 기회를 달라고 했으나 주인은 허락하지 않았다. 충실한 종은 보수의 100배도 넘는 보너스를 받아 금의환향했다. 일생 충실한 것에 대한 보상인 것이다.

돌봄의 이론들

① 하이데거(Martin Heideger): 돌봄은 우리 자신의 삶에 관하여 느끼는 근심으로서의 돌봄과 다른 사람을 위하여 기울이는 배려로서의 돌봄이 있다. 돌봄은 인간을 인간되게 만드는 것이다. 만일 우리가 돌보지 않는다면 인간성을 상실하게 된다. 인간의 유한함과 덧없음이 돌봄을 가능하게 하는데 시간적으로 제한을 받고 그 제한받는 가운데 창조적으로 대처하기 위해서는 나를 위하여 그리고 다른 사람을 돌보려는 도전을 받는다.

② 넬 노딩스(Nel Noddings): 돌본다는 것은 규칙에 의해서 행동하는 것

이 아니라 애정과 존중에 의해서 행동하는 것이다. 돌보는 태도(Caring attitude)의 원형은 모자(母子)관계에 있다. 여기서는 기억이 중요하다. 돌봄을 받았던 기억들이 수용성과 관계가 있다. 윤리적 돌봄은 사랑과 타인에 대한 책임을 동반한다.

③ 돌봄의 의미와 그 의미에 함축된 내용

ㄱ. 하나님의 형상은 관계성과 책임

ㄴ. 근심으로서의 돌봄이나 하이데거의 "존재를 위한 돌봄"은 자신의 유한성과 타인의 유한성을 표현한다.

ㄷ. 타인을 돌보는 것은 자아를 돌보는 것과 분리될 수 없다.

ㄹ. 우리의 관계성과 돌봄의 소명 때문에 충분하고 적절한 돌봄을 행하지 못한 결과로서 죄의식이 나타난다.

ㅁ. 돌봄은 인간성의 근본이고 틸리히가 말한 것 같이 우리 존재의 무의식적인 표현이다.

매임 병(stuckititis)

사람들은 어디에 매여 있어야 편안함을 느낀다. 매여 있다가 풀리면 허전하고 자신의 정체성의 상실을 느낀다. 이런 소속감이 없으면 외롭고 살수가 없다, 그런데 문제는 누구에게 매여 있느냐에 있다. 매여 있을 만한 것에 매여 있다면 복이지만 그렇지 못하면 구속이다. 가족은 가정에 매여 있어야 정상이며 편안함을 느낀다.

그리스도에게 매임은 사는 것이며 자유다. 그럴 때 인간은 행복을 찾는다. 교회생활을 하면서 속회에 소속하는 것을 매이는 것이라고 생각하는 이들이 있다. 그러나 그것은 결코 매이는 것이 아니라 보호의 울타리이며 나를 지켜주는 생명줄과 같은 것이다. 당신이 위험에 처할 때 돌봐줄 사람은 누구인가? 당신에게 중보기도가 필요할 때 기도해줄 수 있는 이들이 누구인가?

돌봄을 통한 복음 증거

어느 날 성 프랜시스는 마을에 내려가서 복음을 전하기 위해 수도원에 입회한지 얼마 되지 않는 한 수도사와 동행하였다. 마을로 향하는 길에, 상처를 입고 쓰러져 있는 사람을 만났다. 성 프랜시스는 가던 길을 바로 멈추고 상처를 치료하며 돌보아 준 후 길을 떠났다. 그러다 굶주려 쓰러진 한 사람을 지나가게 되었다. 그는 다시 가던 길을 멈추고는 허기진 한 영혼을 육의 양식으로 돌보아주었다. 이러한 일은 계속되었다. 마을로 향해 가는 길에서 수없이 많은 도움을 필요로 하는 이들을 만났으며, 도움이 필요한 이들에게 돌봄과 나눔을 다하였다. 그러나 마을 초입에 다다랐을 때는 이미 석양의 노을이 비추기 시작하였다. 성 프랜시스는 초보 수도사에게 숙소인 자신들의 수도원으로 돌아가자고 청하였다. 그러자 젊은 수도사는"아니 신부님 오늘 마을에서 복음을 증거한다고 하지 않으셨나요? 이제 마을에 달하였는데…"하고 물었다. 그러자 조용한 미소를 보이며 성 프랜시스는 다음과 같이 이야기하였다.

"친구, 오늘 우리가 하루 종일 한 것이 바로 그 일이었네."

편대전투의 효과(시너지 효과)

2차 대전 시 영국공군 전투기는 전멸하다시피 격추되었다. 그것은 독일의 한 병사가 신명기를 읽는 중에 연합의 원리를 적용하여 편대전투를 실험해 본 결과 한 대의 전투반경은 25m이지만 그러나 편대비행전투는 250m 반경 안에 들어오면 모두 격추시킬 수 있음을 알고 협력의 능력이 얼마나 큰지 알게 된 것이다. 이것을 시너지의 효과라고 한다.

누락된 인생

2007년 11월 1일, 나(박용호 목사)는 딸 화평이의 의료보험 관계로 호적 등본을 떼기 위해 동사무소를 찾았는데 아무리 조회해도 화평이 이름이 없는 것이다. 할아버지 때부터 모든 호적 정리된 내용과 우리가 살았던 지역의 동사무소를 찾아보아도 없었다. 1시간 가까이 씨름해서 1988년 부산에서 출생한 화평이를 거제1동 사무소에 가서 내가 직접 출생신고를 했는데 신고한 것까지는 나왔다. 그러나 그 이후가 없어진 것이다. 두 가지 가능성을 따져보았다. 하나는 신고하면 당연히 본적지인 탄천으로 보내야 되는데 담당 공무원이 실수로 보내지 않았든지, 둘째는 우편배달 사고라는 것이다. 남은 것은 부산 거제1동 사무소에 가서 이 사실을 확인하고 행정소송을 하든지 다시 등재하도록 하는 것이다. 부산에 확인해보니 공무원들의 행정착오였다. 나는 엄포를 놓고 관계공무원의 도움으로 부산과 탄천면에서 급행으로 처리해 주겠다고 하여 일을 해결했다.

만일 천국에서 내 이름이 누락된다면, 누군가 실수로 나를 잃어버릴 수도 있지 않겠는가? 우리 주님은 절대 행정착오를 하지 않으실 일이지만 정말 아찔한 생각이 들었다. 진작 확인했어야 하는데 잘 되어 있겠거니 하고 확인하지 않았다. 이렇게 우리는 착각할 때가 많은 것 같다.

예수의 살점

미국 LA에서 사역하는 멕시코 계통 미국여성 목사의 간증이다. 어느 날 예수님이 로마 병정의 채찍에 맞는 환상을 보게 되었다. 채찍 끝에는 쇳조각이 달려 있어서 채찍이 내려칠 때마다 채찍 끝의 쇳조각에 살점이 파여 나왔다. 그 피 묻은 예수님의 살점이 먼발치에서 지켜보던 자기에게까지 튀었다. 예수님의 몸에서 나온 살점은 죽은 살코기 같았다. 흐느끼는 자기에게 주님은 "애야 너는 뜯겨 나온 내 살점과 같이 나와 떨어져 살겠니? 아니면 여전히 채찍에 맞아 고통스러워하는 내 몸에 붙어살겠니? 그 때 이 목사의 눈에 예수님의 등짝이 보였다. 예수님의 몸은 채찍에 맞아 잘근잘근 다져진 햄버거용 고기처럼 되어 있었다.

뜯겨져 나온 살점은 고통은 없지만 죽은 것이다. 그러나 주님의 몸에 붙어 있다면 살아 있으나 고통은 당해야 한다.

어느 병사의 기도

큰일을 이루기 위해 힘을 주십사 하나님께 기도했더니,
겸손을 배우라고 연약함을 주셨습니다.
많은 일을 하려고 건강을 구했더니,
더욱 가치 있는 일을 하라고 병을 주셨습니다.
행복해지고 싶어 부유함을 구했더니,
지혜로워지라고 가난을 주셨습니다.
세상 사람들의 칭찬을 받고자 성공을 구했더니,
뽐내지 말라고 실패를 주셨습니다.
풍요로운 삶을 누릴 수 있도록 모든 것을 달라고 기도했더니,
모든 것 누릴 수 있는 삶, 그 자체를 선물로 주셨습니다.
구한 것 하나도 얻지 못한 줄 알았는데,
내 소원 모두 들어주셨습니다.
하나님의 뜻을 따르지 못한 삶이었지만,
미처 표현 못한 기도까지 모두 들어주셨습니다.
나는 가장 많은 축복을 받은 사람입니다.

물총새의 새끼 교육

참새보다 작은 물총새는 물속에 다이빙하여 물고기 잡는 데 명수다. 물

속에 들어갔다가 나오면 어김없이 입에는 물고기를 물고 있다. 물고기가 바동거리면 바위에 패대기쳐서 기절시킨 후 잡아먹는다. 그러나 이런 것은 본능이 아니라 철저한 교육과 훈련을 통하여 얻어진 결과다.

새끼가 태어나면 어미 새는 부지런히 먹이를 물어다 먹이다가 어느 정도 자라면 본격적인 훈련을 시킨다. 어미와 아비는 각각 세 마리씩 맡아서 물속에 다이빙하는 것부터 시작하여 어미가 끊임없이 잡는 것을 보여 주며 반복훈련을 한다. 훈련에 지친 새끼들이 어미에게 호소하면 어미 새는 엄격하다. 사냥을 하지 못하면 굶을 수밖에 없음을 몸으로 가르치는 것이다, 물총새의 모든 행동은 처음부터 끝까지 교육과 훈련에 의한 것이었다. 이것이 진정한 돌봄의 정신이다. 돌봄의 목적은 세워주는 것이니까.

조력자가 힘이 들어가면 쉬어야 한다(약한 자를 사용하시는 하나님)

하나님은 약한 자를 사용하신다. 하나님 앞에서는 사람의 능력은 계산에 넣을 만한 변수도 아니다. 하나님의 능력을 잘 전달할 수 있는 사람이 좋은 사람이다. 스스로 약한 자, 지혜 없다는 사람들이 하나님의 능력을 잘 전달하는 자들이다. 유능함이란 하나님의 능력으로 일하는 것을 배우는 것이다. 순종 잘하고 잘 도울 줄 아는 사람, 한 마디로 팀플레이가 되는 사람이 유능한 사람이다.

맨체스터 유나이티드 박지성이 잘 쓰임 받는 것은 무엇인가? 좋은 조력자이기 때문이다. 맨유는 골 넣는 스타로 박지성을 부른 것이 아니다. 골은 루니, 호나우두가 넣으면 된다. 그의 임무는 산소탱크같이 열심히 뛰어다니며 공간을 만들어 주고, 좋은 기회가 오도록 패스해 주는 것이다.

박지성의 역할은 좋은 조력자가 되는 것이다. 좋은 조력자가 있을 때 스트라이커가 골을 넣는 것이다. 좋은 조력자가 좋은 팀을 만든다. 모든 포지션에 최고의 선수들로만 이루어진 레알 마드리드가 중요한 경기에서

지는 이유는 무엇인가? 모두 잘난 선수이기 때문이다. 희생할 줄을 모른다. 도와주는 법을 모른다. 그래서 승부에는 약한 것이다. 종종 세계 올스타가 특정 팀과 경기할 때가 있다. 선수들의 면면을 보면 당연히 올스타팀이 이겨야 하는데 결과는 그렇지 않다. 강한 팀은 스타와 조력자, 자리를 지키는 이름 없는 선수가 조화를 이룬 팀이다.

1990년대 전설적인 승리를 이끌었던 시카고 불스가 있다. NBA 사상 이 팀만큼 화려한 승리와 주목을 받는 팀도 없다. 90년대에 NBA 3연패를 두 번이나 이끌어내었다. 시카고 불스가 강했던 이유는 무엇인가? 강한 선수만 뽑았기 때문이 아니다. 구단은 필 잭슨 감독에게 팀을 구성하는 전권을 주었다. 필 잭슨은 마이클 조던 한사람을 중심으로 팀을 구성하였다. 마이클 조던에게 패스를 잘하는 사람, 마이클 조던의 슛을 리바운드 할 사람, 마이클 조던이 편하게 수비할 수 있는 사람 등으로 구성하였다. 그래서 뽑힌 사람이 피핀, 로드맨 같은 선수들이다. 이들이 이끄는 〈트라이앵글 오펜스〉는 전설적인 공격대형이 되기도 하였다. 좋은 조력자를 세우니 강한 팀이 된 것이다. 우리의 스타플레이어는 하나님이시다. 하나님을 중심으로 잘 섬기는 사람을 세우면 강한 팀이 되는 것이다. 하나님의 능력이 가장 극명하게 드러나게 만드는 사람이 유능한 사람이다.

자꾸 내게 힘이 들어갈 때가 있다. 그것은 약해지고 있다는 증거다. 쉬어야 할 때다. 더 강해져야 하겠다는 생각을 하고, 힘이 들어가면 지친 것이다, 진짜 쉬어야 할 때다. 농구 경기를 보라 혼자 무리하게 드리블하고 돌파를 위해서 상대 선수를 밀치는 선수가 나온다. 왜 그런가? 지친 것이다. 지혜로운 감독은 그를 벤치로 불러 앉힌다. 힘이 들어가는 것은 지친 것이고 쉬어야 할 때다. 압박감을 가지고 더 힘을 줘야 한다고 생각할 때는 일을 내려놓으라. 오히려 하나님과의 교제를 통하여 쉼과 재충전을 받아야 한다. 힘 빼는 법을 배우라. 그 때가 강한 때다.

변화의 타이밍

고산(高山) 등반에 조예가 깊은 사람의 말에 따르면 고산 등반의 최적의 시간은 밤 12시라고 합니다. 몸의 상태는 최악이지만 밤에는 눈이 단단히 얼어 있어 눈사태가 날 위험이 없기 때문입니다. 6천 미터가 넘는 거대한 산을 등반한다는 것은 산소결핍, 눈사태의 위험이 수반됩니다. 해가 뜨기 시작하면 몸은 좋은 상태나 찬 공기와 따뜻한 공기가 섞이면서 눈사태가 날 확률이 높아집니다. 역설적이게도 몸 상태는 최악인 밤에 출발하는 것이 정상을 정복하는 최적의 시간이라는 것입니다. 우리의 상황도 이와 다르지 않을 것입니다. 지금 이 순간, 내부적인 갈등과 아픔이 나에게 닥쳐왔을 지라도 나를 발전시킬 최상의 시간일수도 있습니다. "바로 지금이 일어설 때입니다."

괴팍한 할망구

얼마 전, 북아일랜드의 한 정신의학 잡지에 실린 어느 할머니의 시를 소개합니다. 스코틀랜드 던디 근처 양로원 병동에서 홀로 외롭게 살다가 세상을 떠난 어느 할머니의 소지품 중 유품으로 단 하나 남겨진 이 시는, 양로원 간호사들이 발견해 읽혀지면서 간호사들과 전 세계 노인들을 울렸습니다.

이 시의 주인공인 '괴팍한 할망구'는 바로 멀지않은 미래 우리 모습이 아닐는지요?

당신들 눈에는 누가 보이나요,
간호사 아가씨들. 제가 어떤 모습으로 보이는지를 묻고 있답니다.
당신들은 저를 보면서 대체 무슨 생각을 하나요.
저는 그다지 현명하지 않고 성질머리는 괴팍하고, 눈초리마저도 흐리멍덩

한 할망구일 테지요. 먹을 때 칠칠맞게 음식을 흘리기나 하고,

당신들이 큰소리로 나에게 "한번 노력이라도 해봐요!" 소리 질러도 아무런 대꾸도 못하는 노인네.

당신들의 보살핌에 감사할 줄도 모르는 것 같고, 늘 양말 한 짝과 신발 한 짝을 잃어버리기만 하는 답답한 노인네. 목욕을 하라면 하고 밥을 먹으라면 먹고,

좋든 싫든 당신들이 시키는 대로 하릴없이 나날만 보내는 무능한 노인네.

그게 바로 당신들이 생각하는 '나' 인가요. 그게 당신들 눈에 비쳐진 '나' 인가요.

눈을 떠보세요. 그리고 제발 한 번만 제대로 바라봐 주세요.

이렇게 여기 가만히 앉아서 분부대로 고분고분 음식을 씹어 넘기는 내가 과연 누구인가를 말해줄게요.

저는 열 살짜리 어린 소녀였답니다. 사랑스런 엄마와 아빠, 그리고 오빠, 언니. 동생들도 있었지요.

저는 방년 열여섯의 처녀였답니다. 두 팔에 날개를 달고 이제나 저제나 사랑하는 이를 만나기 위해 밤마다 꿈속을 날아다녔던.

저는 스무 살의 꽃다운 신부였네요. 영원한 사랑을 맹세하면서 콩닥콩닥 가슴이 뛰고 있던 아름다운 신부였답니다.

그러던 제가 어느새 스물다섯이 되었을 땐 아이를 품에 안고 포근한 안식처가 되고 보살핌을 주는 엄마가 되어 있었답니다.

어느새 서른이 되었을 때 보니 아이들은 훌쩍 커버렸고 제 품에만 안겨있지 않았답니다.

마흔 살이 되니 아이들이 다 자라 집을 떠났어요. 하지만 남편이 곁에 있었기에 아이들의 그리움으로 눈물로 지새우지만은 않았답니다.

쉰 살이 되자 다시금 제 무릎 위에 아가들이 앉아 있었네요. 사랑스런 손자

들과 나, 난 행복한 할머니였습니다.

암울한 날이 다가오고 있었어요. 남편이 죽었거든요. 홀로 살아갈 미래가 두려운 저를 떨게 하고 있었네요. 아이들은 자신들의 아이들을 키우느라 정신들이 없답니다.

난 젊은 시절 내 자식들에게 퍼부었던 그 사랑을 또렷이 기억하지요.

어느새 노파가 되어버렸네요. 세월은 참으로 잔인하네요. 노인을 바보로 만드니까요.

몸이 쇠약해져 가고 우아했던 기품과 정열은 저를 떠나버렸어요.

한때 힘차게 박동하던 내 심장 자리에 이젠 돌덩이가 자리 잡았네요.

하지만 아세요? 제 늙어버린 몸뚱이 안에 아직도 16세 처녀가 살고 있음을요.

그리고 이따금은 쪼그라든 제 심장이 콩콩대기도 한다는 것을요.

젊은 날들의 기쁨을 기억해요. 젊은 날들의 아픔도 기억하고요.

그리고 이젠 사랑도 삶도 다시 즐겨보고 싶어요.

지난 세월을 되돌아보니 너무나 짧았고 너무나도 빨리 가버렸네요.

내가 꿈꾸며 맹세했던 영원한 것은 세상에 존재하지 않는다는 무서운 진리를

이젠 받아들여야 할 때가 온 것 같아요.

모두들 눈을 크게 떠보세요. 그리고 날 바라보아 주세요.

제가 괴팍한 할망구라뇨. 제발, 제대로 한 번만 바라봐 주세요.

'나'의 참모습을 말이에요.

진정한 금메달

국제 자동차 경주가 1980년 스위스 자동차 경주장에서 열렸다. 상금의 규모가 큰 만큼 출전 선수들 모두가 내로라하는 세계적인 레이서들이었

다. 그 중에서도 스위스 선수와 이탈리아 선수는 최강의 라이벌로 꼽혔다. 이윽고 출발 신호의 깃발이 내려졌고 얼마쯤 시간이 지나자 과연 사람들의 예상대로 선두에는 스위스와 이탈리아가 나란히 나섰다. 그러나 골인 지점이 얼마 남지 않은 코너에서 이탈리아가 발군의 저력을 발휘하여 스위스를 제치고 앞으로 튀어 나왔다. 바로 그 때, 앞서 가던 이탈리아의 차가 방호벽을 무섭게 들이받고 뒤집혔다. 이제 누가 보아도 승리는 분명히 스위스 차지였다. 그런데 그 순간 스위스 차가 급제동 소리와 함께 사고 차 곁에 멎었다. 그리고 스위스 선수가 차의 비상용 소화기를 꺼내 들고 이제 막 화염이 일기 시작한 이탈리아 차로 달려가서 불을 껐다. 이탈리아의 부상 선수는 이내 달려온 구급차에 의해 구출되었다. 그러는 사이 다른 차들이 이미 골인 선을 통과했다.

그 후 세월이 많이 흘렀다. 그 날의 우승자들도 사람들의 뇌리에서 잊힌 지 오래다. 그러나 경쟁자의 생명의 위기 앞에서 자신의 우승을 과감히 포기한 스위스 팀의 위대한 레이서 '필립 루'의 이름은 지금까지도 전 세계 자동차 경주 애호가들의 가슴속에 진정한 금메달리스트로 기억되고 있다.

그 날 그가 보여준 용기야말로 '예수의 작은 실천'이 아니고 무엇이겠는가! 진정한 승리자와 패배자, 진정 큰 것과 작은 것의 가치를 우리는 너무 자주 혼동하면서 살고 있다. 아마도 마음의 눈, 말씀의 눈 대신, 육신의 눈으로만 세상을 보기 때문일 것이다.

부모님의 발을 씻어드린 적이 있나요?

일본의 어느 일류대 졸업생이 한 회사에 이력서를 냈다. 사장이 면접 자리에서 의외의 질문을 던졌다.

"부모님을 목욕시켜 드리거나 닦아드린 적이 있습니까?"

"한 번도 없습니다." 청년은 정직하게 대답했다.

"그러면, 부모님의 등을 긁어드린 적은 있나요?"

청년은 잠시 생각했다. "네, 제가 초등학교에 다닐 때 등을 긁어드리면 어머니께서 용돈을 주셨죠."

청년은 혹시 입사를 못하게 되는 것은 아닐까 걱정되기 시작했다.

사장은 청년의 마음을 읽은 듯 "실망하지 말고 희망을 가지라"고 위로했다. 정해진 면접시간이 끝나고 청년이 자리에서 일어나 인사를 하자 사장이 이렇게 말했다.

"내일 이 시간에 다시 오세요. 하지만 한 가지 조건이 있습니다. 부모님을 닦아드린 적이 없다고 했죠? 내일 여기 오기 전에 꼭 한 번 닦아드렸으면 좋겠네요. 할 수 있겠어요?" 청년은 꼭 그러겠다고 대답했다.

그는 반드시 취업을 해야 하는 형편이었다. 아버지는 그가 태어난 지 얼마 안 돼 돌아가셨고 어머니가 품을 팔아 그의 학비를 댔다. 어머니의 바람대로 그는 도쿄의 명문대학에 합격했다. 학비가 어마어마했지만 어머니는 한 번도 힘들다는 말을 한 적이 없었다. 이제 그가 돈을 벌어 어머니의 은혜에 보답해야 할 차례였다. 청년이 집에 갔을 때 어머니는 일터에서 아직 돌아오지 않았다. 청년은 곰곰이 생각했다. '어머니는 하루 종일 밖에서 일하시니까 틀림없이 발이 가장 더러울 거야. 그러니 발을 닦아드리는 게 좋을 거야.' 집에 돌아온 어머니는 아들이 "발을 씻겨드리겠다"고 하자 의아하게 생각했다.

"엄마의 발은 왜 닦아준다는 거니? 마음은 고맙지만 내가 닦으마!" 어머니는 한사코 발을 내밀지 않았다. 청년은 어쩔 수 없이 어머니 발을 닦아드려야 하는 이유를 말씀드렸다. "어머니, 오늘 입사 면접을 봤는데요. 사장님이 어머니를 씻겨드리고 다시 오라고 했어요. 그래서 꼭 발을 닦아드려야 해요." 그러자 어머니의 태도가 금세 바뀌었다. 두말없이 문턱에

걸터앉아 세숫대야에 발을 담갔다. 청년은 오른손으로 조심스레 어머니의 발등을 잡았다.

태어나 처음으로 가까이서 살펴보는 어머니의 발이었다. 자신의 하얀 발과 다르게 느껴졌다. 앙상한 발등이 나무껍질처럼 보였다. "어머니 그동안 저를 키우시느라 고생 많으셨죠? 이제 제가 은혜를 갚을게요." "아니다, 고생은 무슨…."

"오늘 면접을 본 회사가 유명한 곳이거든요. 제가 취직이 되면 어머닌 더 이상 고된 일은 하지 마시고 집에서 편히 쉬세요."

손에 어머니의 발바닥이 닿았다. 그 순간 청년은 숨이 멎는 것 같았다. 말문이 막혔다. 어머니의 발바닥은 시멘트처럼 딱딱하게 굳어 있었다. 도저히 사람의 피부라고 할 수 없을 정도였다. 어머니는 아들의 손이 발바닥에 닿았는지 조차 느끼지 못하는 것 같았다. 발바닥의 굳은살 때문에 아무런 감각도 없었던 것이다. 청년의 손이 가늘게 떨렸다. 그는 고개를 더 숙였다. 그리고 울음을 참으려고 이를 악물었다. 새어나오는 울음을 간신히 삼키고 또 삼켰다. 하지만 어깨가 들썩이는 것은 어찌할 수 없었다. 한쪽 어깨에 어머니의 부드러운 손길이 느껴졌다. 청년은 어머니의 발을 끌어안고 목을 놓아 구슬피 울기 시작했다.

다음날 청년은 다시 만난 회사 사장에게 말했다. "어머니가 저 때문에 얼마나 고생하셨는지 이제야 알았습니다. 사장님은 학교에서 배우지 못했던 것을 깨닫게 해주셨어요. 정말 감사드립니다. 만약 사장님이 아니었다면, 저는 어머니의 발을 살펴보거나 만질 생각을 평생 하지 못했을 거예요. 저에게는 어머니 한 분밖에는 안 계십니다. 이제 정말 어머니를 잘 모실 겁니다." 사장은 미소를 지으며 고개를 끄덕이더니 조용히 말했다. "인사부로 가서 입사 수속을 밟도록 하게."

오드리 헵번(Audrey Hepburn 1929.5.4~1993.1.20)

영국의 배우이자 모델로, 1999년에 American Film Institute 에서 선정한 지난 백 년간 가장 위대한 100명의 스타 여성배우 중 3위를 차지했다. 2차 대전 때 그와 모친이 기아로 고생할 때 유니세프(국제 구호단체)의 도움으로 구호빵을 먹으며 위기를 극복했다. "절망의 늪에서 나를 구해준 분들을 위해 이제 내가 봉사할 차례다." 그는 말년에 암으로 고통 받으면서도 아프리카에서 사회봉사를 실천했다. 1993년 직장암으로 세상을 떠나는 순간까지 아프리카의 어린아이의 손을 잡아주었고, 타계한 후 유엔과 민간단체는 2004년 2월 오드리 헵번 평화상을 제정한다.

아름다운 입술을 갖고 싶으면 친절한 말을 하라
사랑스런 눈을 갖고 싶으면 사람의 좋은 점만 보라
날씬한 몸매를 갖고 싶으면 너의 음식을 배고픈 사람들과 나누라
아름다운 머릿결을 갖고 싶으면 하루에 한번 어린아이가 너의 머릿결을 쓰다듬게 하라
아름다운 자태를 갖고 싶다면 너 자신이 결코 홀로 걷고 있지 않음을 명심하며 어려운 이들과 함께 걸어라
사람은 상처로부터 회복되어야 하고 낡은 것으로부터 새로워져야 하고
병으로부터 회복되어야 하고 무지함으로부터 교화되어야 한다
결코 누구도 버려져서는 안 된다
기억하라! 만약 네가 누군가를 도울 손이 필요하다면 너의 팔 끝에 있는 손을 쓰면 된다는 사실을. 그리고 더 나이가 들면 네 손이 두 개라는 사실을 새삼 느낄 것이다
한손은 네 자신을 스스로 돕는 손이고 다른 한손은 다른 사람을 위해 돕는 손이라는 사실이다

        - 오드리 헵번이 아들 손에게 쓴 편지글 중에서

2. 돌봄의 사역 원리(5주용 속장교육 교재)

제1과 돌봄이란 무엇인가?

생명은 하나님이 주셨지만 그 생명을 활성화하고 유지하고 성장하게 하는 것은 또 다른 생명의 활력인 돌봄을 통해 이루어진다. 우리 몸의 존재 방식 또한 서로 돌봄으로 건강을 유지하고 살아가도록 만들어졌다. 돌봄을 배우는 것은 생명을 배우는 것이며 영적 생명을 우리에게 맡기신 주님의 뜻을 받드는 것이다. 한 생명도 잃어버리지 않는 것이 하나님의 뜻이기에 돌봄의 원리는 생명의 원리다.

1. 돌봄(Caring)에 대한 정의

돌봄은 한 생명이 건강하게 자라서 자기의 사명을 다하고 증인의 삶을 통하여 하나님께 영광 돌리는 존재가 되도록 목자같이 어머니의 손길같이 유모의 돌봄같이 사랑과 섬김과 기도와 희생으로 수고하는 것이다.

2. 돌봄에 대한 역사적인 근거

1) 고대 시대의 돌봄: 제사장(예배) 예언자(말씀) 현자(상담/지침)

2) 초기 기독교: 신앙공동체 지도자들의 돌봄(재림 신앙)

3) 박해시대: 참회, 권징, 화해

4) 콘스탄틴 이후 제국 시대: 개인과 공동체 사회 그리고 문화적 상황을 포함

5) 로마제국의 몰락과 기독교의 유럽 전파: 심리학 발달로 인간의 영혼과 육체

6) 중세의 성례주의: 성례적인 치유활동

7) 개혁시대: 개인구원과 만인 제사장 이신득의 – 돌봄의 개인화

8) 계몽주의 시대: 이성신뢰, 경험주의적 진리 추구로 돌봄의 형태가 이성적인 방향으로 발전했고 그에 대한 반동으로 리처드 백스터를 중심으로 청교도적인 경건운동이 발달, 이 때 건강하고 이상적인 돌봄이 존 웨슬리의 속회를 통하여 나타난다.

9) 주의론과 종교의 사유화 시대: 이성주의와 세속주의가 혼합되면서 권징으로서의 목회적 돌봄이 자기 수양에 대한 관심으로 심리학적 방법의 목회적 돌봄으로 등장한다.

10) 20세기의 목회적 돌봄: 1904년과 1906년의 엘우드 우스터가 두 명의 정신과 의사와 상담 시작, 프로이드의 심리학이 각광을 받으면서 목회적 돌봄은 개인의 영혼을 치료하는 방향으로 발전, 1930년대 〈안톤 보이즌〉의 임상목회 교육이 시작되고 적응심리학에 프로이드의 무의식 갈등 이론을 접목하면서 심리치료적인 방법으로 발전한다. 여기에 반기를 든 것이 바젤의 트루나이젠으로 복음적 설교를 선포하는 것이 치료의 방법임을 주장하였다. 1930~1965년 신 프로이드 학파들이 역동심리학을 소개하면서 로저스나, 빅터 프랭클, 클라인 벨 등의 심리치료 기재들이 등장, 가족치료 교류분석 현실치료 인지치료 등이 임상목회에 접목되고 클라인 벨의 성장 상담은 상담목회를 열었고, 1970년대 이후 오늘날까지 치유목회(Healing Ministry)의 문을 열게 된 것이다. 지금은 개인보다 공동체로 전환하여 다양한 방법으로 발전하고 있다.

3. 돌봄의 어원적 설명

1) Care=Shepherding(양을 돌보는 일/목자, 왕) 사 53:6

care giver = 돌봄을 베푸는 분(시 23편)

목회자=parson(담임목사/pastor), elder(장로), 치료자(curate), 설교자(preacher)제사장(priest), 교역자(minister), 전도자(evangelist), 행정가(clergy), 목사(Reverend), 기관목사(chaplain) 이상을 통합하여 '목양'이라 한다.

Shepherd는 목자(사람), 또는 양 지킴이, 개(목견)라는 뜻도 있다. 사도 시대에는 목회의 기능이 봉사(Diakonia)의 뜻을 지닌 Ministry가 목회의 기능을 대변한다. 여기서 집사(deacon), 직무(diaconate)의 뜻이 나왔다.

Diakonia의 직무는 그리스도에 대한 제자의 직분으로 봉사하는 것이다. 인간의 노력이나 계획에 의해서 실천되는 것이 아니라 성령이 주시는 은사에 따라 봉사하는 것으로 미니스트리(ministry)라고 한다. 그리고 이 ministry를 수행하는 이들을 집사, 권사, 장로(elder), 감독(episkopos)으로 세운 것이다. 집사는 봉사의 직무, 장로는 가르치고, 치리하는 직무, 감독은 넓은 시야에서 양떼들을 통괄하고 돌보는 일이다.

목회에 대한 성서적인 전통이 예언자, 제사장, 현자의 전통에서 예수 시대에는 목자, 사도 시대에는 각 은사에 따라 직능과 직무에 해당되는 다양한 은유로 해석되면서 연속성을 가지게 되었다.

2) CARE(돌봄)에 대한 뜻

'C'-Concern 관심의 법칙: 돌봄의 시작은 관심이다. 사람은 자기가 보고 싶은 것만 골라보는 특성이 있다. 눈앞에 있지만 관심이 없으면 못 보는 경우가 많다. 돌봄은 필요를 발견하는 것, 필요를 채워주면 마음이 열리고, 마음이 열리면 대화의 문이 열려서 나눔이 시작되는 것이다.

'A'-Accept 수용의 법칙: 노아의 홍수 사건에서 방주의 수용력은 만물의 생명을 살렸다. 남을 돌보는 과정에서 수용력의 크기는 얼마나 많은 이들을 섬기고 돌볼 수 있는가의 크기다. 그러므로 마음의 수용력, 믿음의 수용력, 돌봄의 수용력을 확장시켜서 이끌어가는 것이 부모의 영성이며 목자의 영성이다.

'R'-Relationship 관계의 법칙 : 세상의 모든 것은 관계의 선로 위에서 이루어진다. 아무리 좋은 이상과 꿈이 있어도 관계형성이 안 되면 아무것도 할 수 없다. 죄라는 것은 관계를 단절시키는 것으로 인류는 톡톡한 대가를 지불했다. 십자가의 능력은 관계회복을 위한 대속의 은총이다. 그러므로 돌봄에서 가장 중요한 것은 관계의 법칙을 잘 알아서 관계 DNA를 끌어 올려야 한다. 성도들의 관계 지수(공동체 지수)를 평가하고 훈련시키는 것도 중요하며 이것은 지역전도와도 매우 밀접한 관계가 있다.

'E'-Equipping 은사의 법칙: 돌봄의 목적은 세워서 증인되게 하는 것이다. 에베소서 4장 11~12절에서 은사를 주신 목적은 "성도를 온전케(equip)하며 봉사의 일을 하게 하여 그리스도의 몸을 세우는 것"이라고 기록하고 있다. 돌봄을 통하여 은사를 발견하고 계발시켜서 사역하는 성도를 만들어 생산적인 그리스도인이 되게 하는 것이다. 이 과정에서 성화를 실현하기 때문에 돌봄의 손길은 언제나 성령의 역사와 봉사와 섬김의 손길이 함께한다.

4. 돌봄과 나눔의 차이

1) 성서적인 근거: 돌봄이 곧 목양적이다.
2) 아이를 양육하는 방법에서 돌봄이 우선이다.
3) 돌봄은 포괄적이며 미래 지향적이나, 나눔은 지엽적이며 현실적이다.
4) 교제를 코이노니아(koinonia)라고 한다. 코이노니아는 나눔(sharing)과 협력(partnership)을 의미하고 이것은 돌봄에서 중요한 요소다.
5) 돌봄과 나눔은 분리 영역이 아니라 돌봄 속에 나눔이 포함된 것이다. 그러나 나눔 속에 돌봄이 들어가기에는 나눔이 작다.

5. 돌봄의 영역(엡 4:11~12)

1) 자신을 돌보라(self-caring)

① "온전케 하며"(12절 equip) 온전한 그리스도인이 된다는 것은 책임적인 존재가 되는 것으로 남을 돌보기 위해서는 내가 먼저 준비되어 있어야한다. 내 속에 불이 있어야 불을 나누어 줄 수 있는 것 같이 준비되어 있지않는 사람이 다른 사람을 돌볼 수 없을 것이다.

② "구비시키다"는 '정돈하다' '수선하다' '구비하다' '적합하게 만들다' 라는 뜻이다. 목회자는 사람들이 하나님의 은혜에 따라 하나님이 원래의도하셨던 모습으로 잘 성숙하도록 돕는 자다.

"온전케 하며"의 헬라어는 "카타르티조(katartizo)"인데 이것은 세 가지뜻을 가지고 있다.

첫째, 카타르티조는 그물을 수선한다(마 4:21)는 뜻으로 찢어진 인간관계를 회복하여 성도들 사이에 교제할 수 있도록 회복시키는 것이다. 인간은 사회적인 존재이므로 다른 사람과 관계가 원만하지 않으면 예배나 속회에서 하나 되지 못하고 참석하는 것이 꺼림칙하여 회피한다.

둘째, 카타르티조는 죄를 범한 성도를 회복시켜 세운다(눅 6:10, 몬1:11~12). 우리말에 '도둑이 제 발 저리다' 라는 말이 있다. 죄를 지은 사람은 양심에 찔려서 누가 뭐라 하지 않아도 피하려고 한다. 더구나 공동체구성원 중에서 그런 관계가 있다면 더욱 참석하기 어렵다. 그러므로 죄를회개하고 교제 공동체로 이끌어내는 일이 필요하다. 그러한 노력을 직고(accountability)라고 하는데 상호 영적인 책임을 지는 나눔의 방법을 통하여 다시 일으켜 세워주는 것을 말한다.

셋째, 카타르티조는 골절된 뼈를 제자리에 맞추는 것이다. 우리는 주님의 몸의 지체들이다. 한 사람이 실족하여 떨어져 나간다면 뼈가 골절되어탈골되는 것과 같다. 이러한 경우 의사에게 가든지 아니면 전문가에게 다시 맞추는 작업이 필요하다. 속장은 언제나 치유하는 일에 힘써야 한다. 그래서 골절된 뼈를 맞추어 회복시키듯이 제자리에 돌아오게 하는 것을 온전케 하는 돌봄의 사역이다.

"당신이 당신 자신을 사랑한다면 스스로를 사랑하듯 다른 사람도 사랑하게 된다. 만일 당신이 자신을 사랑하면서도 남을 사랑하지 않는다면 진정한 의미에서 자신을 사랑하는데도 실패 할 것이다, 그러므로 스스로 사랑하면서 남도 사랑할 줄 아는 사람은 위대하고 정의로운 사람이다."(에크하르트)

2) 너(타인)를 돌보라(Others caring)

세움의 사역(build up ministry) - 너(타인)를 돌보는 것은 자신을 돌보는 것이다. 부모가 자식을 돌보는 목적이 한 사람의 인격으로 세워주기 위함인 것 같이 세움의 사역은 돌봄의 목적이다. 사무엘상 22장 1~2절에 보면 다윗이 사울의 칼을 피하여 아둘람 굴속에 숨어 있을 때 전국 각지에서 왕따 당한 이들이 다윗에게 찾아온다. 자신도 내일을 기약할 수 없는 상황에서 자신에게 피신해 온 이들을 돌보기 시작하여 7년간이나 생사고락을 함께 하면서 특기대로 개발하고 훈련을 시켜서 일당 백 하는 용사들로 만들어 준다. 그들이 다윗 왕국을 유지하는데 목숨을 걸고 다윗을 도와줌으로써 다윗 평생에 한 번도 전쟁에서 져본 일이 없다. 이처럼 너를 돌보는 것은 결국 자신을 돌보는 일이 된다는 것이다.

① 말로 (꿈/인정) 세우라

ㄱ. 창조의 빛=식물에게는 햇빛, 사람에게는 말씀-아브라함(창 12:1~2), 베드로(눅 5:10~11)

ㄴ. R. Randal "사람들은 왜 교회를 찾아오는가?" 이해 · 소속 · 희망의 의미를 찾고 싶어서 온다. 예) 헬렌켈러, 레나마리아, 송명희 - 이들

은 모두 인생의 절망적인 상황에서 사랑과 관심의 말을 들음으로 꿈을 갖게 되었고 일반적인 장애인들과는 달리 모든 사람에게 감명을 주는 인생을 살았거나 살고 있는 이들이다. 교회를 찾아오는 이들은 모두가 굶주려 있다. 격려와 인정과 사랑의 말을 듣고 싶은 것이다. 태초에 하나님께서 말씀으로 천지를 창조하셨던 것 같이 혼돈과 공허와 흑암 속에 살고 있는 이들에게 생명의 말을 해준다면 그들은 새로운 삶을 살게 된다. 그러므로 기독교는 말의 종교다.

ㄷ. 사역자는 모두 세우미(equipper)가 되어야 한다. (행 9:2~30)

② 필요를 채워주라

ㄱ. 하나님의 창조원리(창 1장) 1-3 은 배경, 4~6은 주인공

ㄴ. 가인은 동생을 돌보지 않음으로 버림 받았다(창 4:8~9)

③ 양육하라(follow-up)

ㄱ. 지식적으로 그리스도의 분량(엡 4:13)

ㄴ. 성숙한 인격 - 어린 아이의 일을 버리고(엡 4:14, 벧후 1:3)

ㄷ. 제자화하라 - 다윗의 사역 - 아둘람 굴의 사역(400~600명)(삼상 22:1~2, 삼하 23:8)

3) 서로 돌보라(each other caring, 엡 4:16)

직고(accountability)는 상호영적책임을 지는 것으로 서로를 돌보는 것의 핵심이다. 교회가 하나 되지 못하는 것은 이러한 직고의 교제가 이루어지지 않고 피상적인 교제 수준에 머무르기 때문이다. 초대교회처럼 한마음이 되지 않고 성령의 역사하심이 부족하게 되는 것이다. 다음의 원리에 따라 서로 돌보는 일이 교회와 속회에서 이루어져야 한다.

① 각자 자기 일을 돌보라(역할분담/role)

"각 지체의 분량대로 역사하여"

② 상생의 원리(톱니바퀴 원리)

협력이란 라틴어로 컴뮤너스(communus)라고 하는데 이것은 세 가지 의미를 가진 합성어이다. 첫째 멍에를 함께 메는 것, 둘째 책임을 함께 지는 것, 셋째 선물을 함께 나눈다는 의미다. 예) 천국과 지옥을 구경한 사람들의 이야기 중에 천국과 지옥은 똑같은 조건인데 단지 천국은 1m나 되는 스푼으로 서로 앞에 있는 사람을 먹여주고 지옥에 있는 사람들은 욕심 대문에 자기만 먹으려고 하다가 아무것도 못 먹어 뼈만 남은 모습이라는 것이다. 이처럼 서로 상생하는 협력의 원리는 천국과 같이 아름다운 것이다. 기러기들의 협력의 원리도 마찬가지다.(예화 참조)

③ 성장의 원리

건강하면 자란다.(자라게 하며)

④ 사랑의 원리

서로 돌보는 것은 사랑이 없으면 이루어질 수 없다.

부모는 자녀를 돌보는 일에 사랑이 있기 때문에 희생하고 감수한다.

마리아의 사랑은 귀한 옥합을 깨뜨리게 한다.(요 12:3)

⑤ 세우는 원리

혼자서는 아무것도 세울 수 없다. 교회는 연합하고 서로 세워 줄 때에 건강한 몸의 기능을 하므로 스스로 세우게 된다. 돌봄의 정신은 세우는 데 목적이 있다. 남을 세워 줄 때 자신도 서게 되고 모두가 온전히 세워질 때 교회가 세워진다.

제2과 돌보미 사역자(Carer Ministry)의 자격

미국 내슈빌 한인교회 집회를 인도할 때 속장을 세우는 문제로 상담을 한 적이 있다. 한 사람은 지식이 있고 능력이 있으나 돌볼 수 있는 여건이나 관심이 부족하고 다른 사람은 지식이나 능력은 부족해도 남을 돌볼 자세는 되어 있었다. 둘 중 누구를 속장으로 세워야 하는지 물었을 때 나는 지체 없이 두 번째 사람을 속장으로 세워야 한다고 했다. 존 웨슬리는 속장은 그 그룹에서 가장 부족하다고 생각하는 사람을 세워야 한다고 주장했다. 속장은 가르치는 사람이 아니라 돌보는 자며 목자와 같은 역할을 해야 하기 때문이다. 우리는 이제 돌보미 사역자의 자격을 다루면서 진정한 돌보미가 되는 길에 한 걸음 더 다가가게 될 것이다.

1. 돌보미의 영성의 중요성

영성은 뿌리와 같고 성품과 같은 것이다. 지도자는 두 가지 뿌리를 통하여 만들어진다. 첫째는 뿌리와 같은 것으로 기질과 성품을 이루는 것인데 보통 피를 말한다. 웨슬리의 핏속에는 이미 5대째 흐르는 목회자의 DNA가 있었다. 이것은 속일 수 없는 기질로 리더십을 발휘하는 중요한 요인이다. 예수님은 마태복음 7장 17~18절에서 "좋은 나무가 아름다운 열매를 맺고 못된 나무가 나쁜 열매를 맺나니 좋은 나무가 나쁜 열매를 맺을 수 없고 못된 나무가 아름다운 열매를 맺을 수 없느니라."고 하셨다. 돌봄의 영성이 기질적으로 되는 것은 거듭난 그리스도인으로 주님의 사랑에 녹아져서 헌신한 그리스도인이어야 한다. 선천적인 것이 아니라 성령 안에서 중생한 그리스도인이어야 한다. 신앙의 가문에서 태어난다 해도 거듭나지 않거나 성령의 기름 부으심을 통하여 변화된 가치관을 갖지 못한다면 유전적인 어떤 것도 좋은 나무가 될 수 없다.

둘째는 환경적이며 훈련을 통하여 만들어지는 것이다. 사람은 습관의 동물이라고 할 만큼 연습과 훈련을 통하여 변화할 수 있다. 오늘 내가 나된 것이 원래 그런 것이 아니라 성장 과정에서 그렇게 훈련되었고 그것이 굳어져서 원래 그런 줄 알 뿐이다. 교회는 이러한 부분을 훈련과 연습을 통하여 바꾸어 주고 높여 주어야 한다. 우리는 이제 영성의 뿌리들을 확인하면서 자신을 훈련하는 일에 새롭게 도전해야 한다.

1) 돌봄의 영성 4가지

① 사랑의 영성: 사랑의 영성은 배워서 되는 것이 아니라 사랑을 받음으로 알 수 있다. 하나님의 사랑이 우리 영혼 속에 흘러야 사랑의 손과 발이 움직인다. 한 영혼을 볼 때 주님을 사랑하는 눈과 마음을 가져야 한다는 것이 주님의 요구다. 아담이 하와를 볼 때에 "이는 내 뼈 중의 뼈요 살 중의 살이다."라고 했듯이 한 영혼에 사랑이 가슴 절절한 사랑의 마음을 가져야 한다.

마르다는 예수님을 어떤 방법으로 사랑했는가?(눅 10:40)

마리아는 어떻게 주님을 사랑했는가?(눅 10:39)

베드로는 어떤 사명을 받았고 주님은 어떤 영성을 요구하셨는가?

(요 21:15)

② 유모(아비)의 영성: 생명의 법칙은 하나님 외에는 모두가 돌봄과 양육으로 이루어진다. 그러므로 부모가 있어야 하고 부모가 아니라면 유모가 있어야 한다. 영적인 생명이 자라기 위해서는 유모가 있어야 하는데 바울은 그러한 필요성을 데살로니가 교회를 통하여 강조하고 있다.(살전 2:7~8)

유모는 잠시도 아기에게서 시선을 돌리지 않는다(시 127편). 유모는 아기에게서 무엇을 기대하는 것이 아니라 항상 필요를 발견하기 위해 마음을 집중하고 준비하고 있다. 유모의 영성을 가진 사람은 영적인 어린아이의 특징이 발견된다고 불평하거나 야단치지 않는다.

▶ 해산의 수고: 어머니가 임신하면 가장 먼저 나타나는 증상이 구역질이다. 그러나 그것은 임신했음을 증명하는 증명서처럼 기쁨의 증상이기도

하다. 대부분의 산모들이 겪어야 할 이 고통은 사람에 따라 다르지만 엄마와 아기 사이의 강한 사랑의 끈이 되기도 한다. 드디어 산달이 되고 해산의 고통이 시작되면 세상의 어떤 고통보다 심한 통증을 느끼지만 이는 생명의 소중함을 느끼는 계기가 된다. 무통 분만을 위해 주사를 맞거나 제왕절개를 하기도 하지만 산모나 태아에게 좋지 않다는 것이 밝혀졌다. 생명은 하나님의 법칙에 의해 이어가야 한다. 마찬가지로 영적인 생명도 기도와 사랑의 돌봄을 통하여 해산하고 유모같이 돌보고 세워서 온전한 신앙으로 성장할 때 가장 보람 있고 건강한 그리스도인이 되는 것이다.

③ 제자의 영성(양육자)

제자는 배우는 자며 동시에 보여주는 자다. 돌봄의 사역자는 항상 배우려는 마음을 가져야 한다. 돌보는 이가 배우려는 자세를 가지고 배우려는 마음을 품을 때 온전함과 성숙함의 지름길이 된다.(딤전 4:12~13)

잘 배운 사람만이 잘 가르친다.(왕하 2장)

④ 목자의 영성(지도자 / 관리자)

돌보는 사람은 영적인 유모일 뿐 아니라 작은 목자다. 그러므로 목자의 영성을 가져야 한다. 목자는 어떤 상황에서도 양을 포기하거나 소홀히 하지 않는다.

양들의 이름을 하나하나 기억하고 돌본다.(요 10:12)

목자는 양들을 위해 목숨을 버린다.(요 10:11)

목자는 양들에게 마음을 두고 부지런히 살펴야 한다. (잠 27:23)

목자는 양들의 먹을 것을 위해 항상 준비하고 인도해야 한다.(시 23:1)

2. 돌보미의 태도

돌보미의 태도는 매우 중요하다. 아이들은 가르침보다 가르치는 사람의 태도에 더욱 많은 영향을 받는다. 옆으로 걷는 게 이야기를 생각해 보

자. 어미 게가 똑바로 걸으라고 새끼 게를 가르치면서 본을 보였다. 그런데 어미 게가 옆으로 걸으니, 새끼들이 그대로 따라 옆으로 걸을 수밖에 없었고, 어미 게가 아무리 야단을 치나 새끼들은 그대로 따라할 수밖에 없다는 우화다.

새 신자가 처음 교회에 나왔을 때 자기를 인도해주는 사람의 신앙에 따라 신앙의 틀이 형성된다. 예배에 대한 태도나 신앙의 기본기 등은 돌보는 이가 가지고 있는 태도나 자세에 따라 달라지는 것이다.

1) 디모데의 순수하고 진실한 믿음은 어떻게 이루어졌는가?(딤후 1:5)

2) 바리새인들의 신앙은 왜 그렇게 형성되었을까?(마 12:14, 마 15:9)

3) 가룟 유다의 신앙은 무엇이 문제인가?(눅 22:3~6)

3. 돌보미 사역자의 훈련

하나님을 떠난 인간은 이기적이고 자기중심적이기 때문에 남을 돌본다는 것은 쉬운 일이 아니다. 아담이 선악과를 따먹은 것은 하나님처럼 된다는 유혹 때문이었다. 그 때부터 인간은 하나님 노릇하면서 살려고 하기 때문에 잘못된 자존심이 왜곡되기 시작한 것이다. 가인은 최초로 대표적인 실패자의 모습을 보여준다. 그래서 믿음은 떠나는 연습이다. 다음의 말씀을 연구하면서 돌보미로서의 훈련을 실천하자.

1) 최초로 돌봄을 실패한 사람의 모습(창 4:8~9)

2) 무엇으로부터 떠나는 연습을 해야 할 것인가?(창 12:1)

3) 내가 먹어야 할 것을 나누려는 정신은 기적을 가져온다.(요 6:6~15)

4) 남을 돌보는 것은 희생을 각오해야 한다. 제사장, 레위인이 돌보는 것에 실패한 이유는 무엇인가?(눅 10:30~36)

5) 안디옥교회가 가장 이상적인 교회가 될 수 있었던 이유는 무엇인가?(행 13:1~2)

▶ 교회에서 할 수 있는 돌봄의 훈련을 위한 실천 사항을 20가지 이상 써보라.

```
┌─────────────────────────────────────────┐
│                                         │
│                                         │
│                                         │
│                                         │
│                                         │
│                                         │
│                                         │
│                                         │
│                                         │
│                                         │
└─────────────────────────────────────────┘
```

4. 돌보미의 준비사항

고기를 잡으러 가는 어부가 그물을 준비하지 않는다면 어떻게 되겠는가? 전쟁터로 가는 군인이 총이 없다면 무슨 군인이겠는가? 마찬가지로 돌보미에게도 준비해야 할 사항이 많이 있다. 어떤 일이든지 준비한 만큼 쓰임 받고 잘 준비한다면 성과를 얻을 것이다.

1) 영적인 준비로 우리가 하는 일은 사람이 아니라 하나님의 부르심이며 주님께서 맡겨주셨다는 사명의식을 확신하는 것이다.(고전 4:1~2)

2) 기도로 준비하는 것은 실제적인 돌봄의 시작이다.

베드로의 경우 - 눅 22:31~32

성령의 사역 - 롬 8:26~27

아론과 훌의 사역 - 출 17:10~13

3) 행정적인 준비는 돌봄의 대상자에 대한 철저한 신상파악과 조사를 해야 한다.

- 개인적인 신상파악(생일, 결혼기념일, 취미, 은사, 직장-직위, 신앙의 정도, 봉사분야, 인간관계)
- 가정적인 배경(자녀들의 상황, 애경사)
4) 환경적인 준비

제3과 돌보미의 책임과 의무

뻐꾸기는 자기 새끼를 낳아 놓고도 자기가 기르지 않는다. 남의 집에 알을 낳아 놓고 기르도록 한다. 그러나 대부분의 새들이나 짐승들은 굉장한 모성애를 발휘하여 새끼들을 기르고 훈련시켜서 독립시키기까지 희생한다. 어미 닭은 자기 병아리를 지키기 위해 독수리와 맞서기도 하고 새끼를 품고 있는 짐승들도 목숨 걸고 지킨다. 이것은 창조주이신 하나님이 생명을 이어가도록 하는 본능적인 책임의식이다. 만물의 영장인 사람도 사랑하는 자식을 위해서는 부모가 굶주리고 죽는 한이 있어도 지키고 돌보는 일에 최선을 다 한다. 하나님께서 당신의 자녀들인 영적인 생명을 우리에게 맡기시고 돌보라고 하셨음에도 이러한 책임의식을 가지고 사명을 감당하는 이들이 그렇게 많지 않다는 데 문제가 있다. 우리는 주님의 부탁이나 명령에 순종하고 복종하는 마음으로 책임적인 존재로 다시 결단해야 한다. 돌보미는 주님의 심장과 유모의 영성을 가지고 한 영혼을 철저하게 책임지는 돌보미로 다시 태어나야 한다.

1. 돌보미의 책임은 의무다.

간혹 경찰이 책임을 회피하려고 관할지역 경계 싸움을 하다가 살인자를 놓치거나, 의사가 책임을 회피하다가 환자들이 치료를 받지 못해 죽는 경우가 생긴다면 이 얼마나 무서운 일인가! 그러나 더 무서운 것은 성도들이 책임을 소홀히 하다가 구원받아야 할 영혼들이 지옥을 가는 것이다. 그러면 주님은 그 책임을 물으신다. 돌보미에게는 무엇보다 강한 책임의식이 있어야 한다. 그래야 한 영혼을 제대로 돌볼 것이다.

1) 생명의 책임 - 겔 33:8

2) 청지기의 책임 - 마 25:14~30

3) 목자의 책임(참 목자와 삯군 목자) - 요 10:11~15

4) 전도자의 책임 - 요 6:39

5) 돌보미의 책임(선한 사마리아인의 경우) - 눅 10:30~35

6) 하나님의 책임적 약속 - 민 23:19

7) 성령님의 책임 - 요 14:16~18

새 신자는 교회에서 모델이 될 사람을 제일 먼저 찾는다. 그리고 그 모델을 닮기 위해 노력한다. 당신은 어떤 모델이 되기를 바라는가?

1) **예배의 모델**(다음의 성구를 참작하여 참 예배자의 모델을 만들어 보라)

요 4:7~24

롬 12:1

당신은 어떤 예배자인가?

(1) 주일성수에 대한 당신의 생각은?

반드시 지켜야 한다(   )   빠질 수도 있다(   )

(2) 예배시간을 어떻게 지키는가?

최소한 5분 전에 도착한다(   )   항상 정각에 도착한다(   )

대체로 늦는 편이다(   )

(3) 성경 찬송은 항상 가지고 다닌다(   )   안 가지고 다닌다(   )

(4) 예배 시간에 오직 예배에만 집중하는가?

그렇다(   )   아니다(   )   보통이다(   )

(5) 말씀이나 찬양에 아멘을 어떻게 하는가?

잘한다(   ) 잘 안 한다(   ) 가끔 할 때도 있다(   )

(6) 예배에 올 때 어떤 옷을 입고 오는가?

정장을 하고 온다(   ) 적당히 입고 온다(   ) 신경 안 쓴다(   )

(7) 헌금은 어떻게 하는가?

잘 준비해 온다(   )   보통이다(   )   신경 안 쓴다(   )

(8) 예배가 끝나기 전에 가는 경우도 있는가?

축도 전에 간다(   ) 필요에 따라 간다(   ) 절대 안 간다(   )

(9) 말씀을 어떻게 듣는가?

내 생각에 맞지 않으면 아멘하지 않는다(   )

하나님의 말씀으로 듣는다(   )

2) 순종의 모델(순종에 대한 당신의 생각을 체크해 보라)

하나님께 순종한다는 것은 수긍하지만 사람(주의 종)에게 순종한다는 것은 아닐 수도 있다고 생각하는 이들이 많다. 자기 수준이나 기준으로 평가하여 맞지 않으면 비판하거나 심지어 배척하는 일도 서슴지 않는 시대다. 우리는 어느덧 하나님 노릇하는 일에 익숙해져 있고, 이것이 바로 사탄이 아담과 이브에게 선악과를 따먹도록 유혹했던 내용임에도 여전히 그 범주를 넘어서지 못한다. 순종은 우리 자신을 위해 유익한 것이고 신앙 성장을 위한 좋은 영양분과 같다. 돌보미는 순종의 모델이 되어 새신자로 하여금 처음부터 순종의 영성으로 성장하도록 해야 한다.

(1) 아브라함이 축복의 조상이 된 것은 무엇 때문인가?(창 22:11~12)

(2) 이삭은 어떤 순종의 모델이 되었는가?(창 26:12~22)

(3) 다윗이 축복을 받은 것은 무엇 때문인가?(삼상 24:1~7)

(4) 예수님이 세례 요한에게 세례를 받으신 것은 무엇의 모델인가?(마 3:13~17)

3) 봉사의 모델(돌보미는 봉사하는 것을 기뻐해야 한다)

이기적이거나 자기중심적인 사람은 봉사할 시간이 없거나 자존심이 허락하지 않아서 봉사하지 못한다. 진정한 돌봄은 나를 넘어서는 이타적인 사랑의 종이 되어야 하고 빚진 자의 심정을 가져야 한다. 예수님이 보여주신 겸손의 도가 심령에 흘러야 하는 것이다. 당신의 신앙과 마음을 체크해 보라.

(1) 이브가 선악과를 따먹은 이유는 무엇인가?(창 3:1~6)

(2) 가인은 왜 동생을 죽였을까?(창 4:9)

(3) 사르밧 과부의 봉사는 어떤 기적을 만들었나?(왕상 17:8~16)

(4) 수넴 여인은 지나가는 봉사의 기회를 놓치지 않은 여인이다. 수넴 여인의 봉사 내용과 의미를 설명하라.(왕하 4:8~16)

(5) 마르다와 마리아의 봉사는 어떻게 다른가?(눅 10:38~42)

4) 기도의 모델

기도는 신앙을 세워주는 데 있어서 중요한 개인적인 체험영역이다. 어떻게 모델이 되겠는가? 새 신자에게 기도는 생소하고 어렵다. 그러나 아기가 엄마라는 말을 배우기까지는 적어도 5천 번을 들어야 하듯 돌보미는 함께 기도하는 것과 기도생활의 모든 것을 모범으로 보여주어야 한다.

(1) 예수님이 제자들에게 가르치신 기도는 무엇인가?(눅 11:2~4)

(2) 다니엘의 기도생활에서 무엇을 배우는가?(단 6:10)

(3) 아브라함의 기도는 무엇을 가르쳐 주는가?(창 18:22~33)

(4) 히스기야는 나라가 풍전등화의 위기를 만났을 때 어떻게 했나?(왕하 19:14~20)

(5) 성도의 기도는 어떻게 응답되는가?(계 8:3~5)

(6) 다니엘의 기도가 21일 만에 응답된 이유와 의미는 무엇인가?(단 10:10~14)

5) 전도의 모델

돌봄의 목적은 세움이며 궁극적으로는 증인이 되는 것이다. 증인은 복음을 전하는 것과 하나님의 말씀을 삶 속에서 증명함으로 증거 하는 두 가지가 있다. 아이는 가르치는 것보다 보면서 더 많은 것을 배운다. 돌보미가 함께 전도하는 것을 보여 줄 때 전도자가 될 수 있다. 그러나 무엇보다 중요한 것은 성령의 체험을 통한 확신이다. 제자들이 아무리 예수님에게서 배웠다고 해도 막상 주님이 십자가에서 돌아가시자 다 도망을 갔다. 오직 오순절 날 마가의 다락방에서 성령강림사건 후 증인이 될 수 있었다.

(1) 사도행전 1장 8절을 통하여 전도자의 조건을 찾아보라.

(2) 빌립은 예수님께 전도법을 배운 사람이다 어떻게 배웠는지 성경에서 찾아보라.(요 1:35~46)

(3) 에디오피아 내시 전도(행 8:26~39)

(4) 예수님의 전도 모델(불신자가 전도자 되는 과정/요 4:3~26)

제4과 돌보미 사역의 목표

고기 잡는 어부의 목표는 그물을 던지는 것이 아니다. 고기를 잡아 상품을 만들거나 먹게 하는 것이다. 그러므로 그물을 던졌으면 그물을 잡아당겨 고기를 끌어 올려야 한다. 이와 같이 돌보미의 목표도 단지 도우미의 수준에 머물러서는 안 된다. 돌보미는 예수를 만나게 해주고, 교회에 정착하게 하고, 구원의 확신과 제자로 헌신하여 봉사하는 일꾼이 되고, 증인이 될 뿐 아니라 개인적인 성화를 추구해 가는 진실한 성도로 자라가도록 돕는 영적 부모다. 자식을 기르는 부모는 모두가 이러한 목표를 가지고 자식을 기른다. 이렇게 말하면 미리 기가 질려서 어떻게 한 사람에게 그렇게 많은 시간과 열정을 투자할 수 있느냐고 반문하겠지만 이것은 어려운 일이 아니다. 우리의 자녀들을 생각해보라. 일정한 수준까지는 세심한 배려와 돌봄이 필요하겠지만 어느 정도 성장하면 스스로 하는 일과 주변의 도움을 받아가며 성숙해 가는 것이 사람의 성장과정이다. 여기서 부모가 해야 할 일은 관심과 칭찬과 인정을 통한 돌봄이다. 스스로 독립할 수 있는 능력 있는 자녀가 되도록 하는 것이다.

1. 교회에 정착시켜라

새 신자가 교회에 오면 너무 서두르지 말자. 그동안 새 생명의 법칙을 적용하기 보다는 프로그램화하는 데 더 치중해 왔다. 좋은 조직이 있다고 저절로 생명이 자라는 것이 아니다. 아담과 이브가 살았던 에덴동산이 환경이나 조건이 나빠서 타락한 것이 아닌 것과 같다. 우리의 가정환경이 좋아서 자녀가 성공하고 가정환경이 나빠서 실패자가 되는가? 그것보다 칭찬과 인정을 통한 꿈을 갖는 것이 더 중요하다. 아이가 태어나자마자 공부를 가르치는 부모는 없다. 철저한 돌봄을 통하여 영적인 교감과 인격적인 신뢰관계의 틀이 만들어지면서 점차 배움으로 나가는 것이다. 그러므로 첫 번째 해야 할 것은 정착을 위한 돌봄의 사역이다.

(1) 다음의 사항에서 돌보미의 역할을 찾아보라. (창 2:22~25)

(2) 당신이 돌보미라면 정착을 위해 무엇을 할 것인가? 경험을 나눠 보라.

(3) 당신이 식당의 주인이라고 할 때 '손님이 없어서 어렵다. 당신은 그

식당을 최고로 만들고 싶다.'면 무엇을 해야 하는가? 구체적으로 설계하고 계획을 세워보라.

2. 구원의 확신과 제자로 헌신

교회가 맘에 들어 나왔다고 다 된 것은 아니다. 전도한 이들이나 돌보미가 잘 안내하고 사랑해서 다닌다고 안심해서도 안 된다. 중요한 것은 새 신자가 주님을 만나는 경험을 통한 구원의 확신이 있어야 한다. 제자들이 예수님과 3년 동안이나 동거동락하는 제자의 삶을 살았어도 막상 주님이 십자가를 지는 일이 벌어지자 다 흩어지고 말았다. 예수님은 포도나무가지가 줄기에 붙어 있지 않으면 아무 열매도 맺을 수 없다고 하셨다. 돌보미의 사명은 주님과 만나게 해야 하며 주님으로부터 생명을 공급받을 때 돌보미의 일차적인 사명은 끝나는 것이다. 그러므로 돌보미는 끊임없는 돌봄의 기도와 수고의 손길을 멈추지 말아야 하고 가르치고 인도하는 사역을 해야 한다. 그런 의미에서 돌보미는 작은 목자며 목양자다.

(1) 신앙의 다섯 줄기는 무엇인가?

　　1) 창 1:1

　　2) 마 1:23

　　3) 롬 5:6~8

　　4) 행 2:32

　　5) 행 1:11

(2) 구원은 어떻게 얻는가?

　　1) 행 16:30~31

　　2) 엡 2:8~9

　　3) 롬 8:1~11

(3) 구원받았으면 제자로 헌신하는 삶을 통하여 성화를 이루어가야 한다.

1) 고전 6:19~20

2) 갈 2:20

3. 증인의 생활로 나설 때까지

1) 롬 1:14~15

2) 증인의 삶은 두 가지 방향으로 나타나야 한다. 첫째는 복음 자체로서의 선교적 증인이요, 둘째는 삶을 통한 증인의 삶이다.

모든 생명을 자란다. 만일 자라지 않는다면 병들었거나 죽은 것이다. 그리스도인이 성화를 이루어가는 것은 당연한 것이므로 끊임없이 성장을 위한 노력과 양육을 위해 힘써야 한다.

(1) 우리가 힘써야 할 것들(딤전 4:6~16)

(2) 예수 안에 거함으로 자라가라(골 2:6~7)

(3) 영적 돌보미의 도움을 받음으로 자라가라(막 4:26~29)

(4) 말씀을 배움으로 자라가라(변화의 원리/롬 12:2)

(5) 다른 사람을 돌봄으로 자라가라(골 1:28~29)

제5과 돌보미 사역과 사후 관리

지금까지 돌보미의 사역 원리를 중심으로 공부해 왔다. 무엇이든지 기본기가 중요한데 충실한 기본기를 훈련하여 분명하고 확실한 돌보미의 자세를 가져야 한다. 5과에서는 사람을 컨설팅 하는 것과 돌보미의 마인드 형성을 익힌다.

1. 사람을 컨설팅하는 법

사람을 컨설팅하는 것은 오늘날 기업진단이나 교회진단만큼이나 중요하고 어렵다. 조직화되어 있는 것을 진단하는 것은 자료가 있거나 객관적인 근거를 참고할 수 있지만 사람은 영적인 존재이기 때문에 돌보미의 영적 능력이나 감각 지식 등에 의존하기 때문이다. 의사가 환자를 진찰하는 것과 같은 마음으로 접근해야 한다.

1) 인적사항을 조사한 자료를 참고하여 상대방에 대하여 충분한 숙지와 이해를 한다. 만일 준비된 것이 없다면 둘 만의 만남을 통하여 자료를 확보하라. 어떠한 경우도 호구조사 하듯 청문회 하듯 하지 말아야 한다.

2) 상대방의 문제점을 정확히 파악하기 위해 말을 들어라.

3) 상대방이 제기하는 어떤 문제도 반박하지 말고 여유를 갖고 이해하려고 힘쓰고 수긍하라.

4) 신앙의 기본적인 것이나 당신이 진단하고 싶은 것들을 질문하라.

5) 성령의 도우심을 구하며 질문하고 들어라.

6) 당신이 나누었던 내용들을 정리하여 자료화하고 상대방이 관심하는 부분을 연구하고 기억하라.

7) 다음 만남을 꼭 확인한 후 두 번째 만남에서 상대방의 신뢰를 얻어야 한다.

8) 신앙적인 컨설팅을 자료로 주지 말고 만남을 통한 돌봄의 근거로 삼아라.

2. 돌보미의 마인드 형성하기

마인드는 생각(thinking), 태도(attitude), 비전(Vision) 등 이 세 가지 조화를 통하여 나타나는 정신이나, 말을 통하여 나타나는 행동을 의미한다. 우리가 보통 마인드가 없다고 할 때 그가 말하는 것이나 하는 일을 보고 평가하는 것이다. 마인드가 있다는 것은 분명한 비전과 목표 그리고 방향이 있음을 말한다. 돌보미는 누구보다 분명한 마인드를 가지고 접근해야 한다. 돌보미의 역량이나 신앙에 따라 나타나는 마인드가 그의 신앙 성격까지 결정하기 때문이다.

(1) 생각의 방식(thinking) - 씨앗

　　ㄱ. 생각관리하기(잠 23:7)

　　ㄴ. 나는 긍정적인 사람인가? 부정적인 사람인가?

　　ㄷ. 위기에 대처하는 나의 방법은 어떤가?

　　　가장 먼저 떠오르는 생각은 무엇인가?

　　　걱정을 먼저 하는가? 기회로 여기고 감사하는가?

　　　감사를 먼저 하는가? 불평이나 원망을 먼저 하는가?

　　　누구 탓을 먼저 생각하는가? 자신을 탓하는가?

　　　그 문제를 기도함으로 푸는가? 아니면 불평을 발전시켜 문제를 만드는가?

　　ㄹ. 모든 것이 합력하여 선을 이룬다는 로마서 8장 28절의 말씀에 대한 당신의 생각은 어떤가?

　　ㅁ. 가나안 정탐의 이야기에서 당신이 그 중에 하나라면 어떻게 말할지 진솔하게 말해 보라.(민 13:26~33)

(2) 태도의 법칙(be attitude) - 방향

해바라기는 태양을 바라보며 성장하기 때문에 건강하게 자란다. 모든 식물이나 생명은 빛이 없으면 자라지 못하는 것 같이 우리의 태도는 주님을 바라보는 자세를 가질 때 주님으로부터 오는 축복을 잃어버리지 않는다. 성장 마인드를 가지려면 주님을 바라보는 태도를 가져야 한다.

　　ㄱ. 예수님이 가르치신 8복에서 태도는 곧 축복의 근원임을 말하고 있다. 8복을 묵상하며 확인하라.

ㄴ. 빌립보서 2장 5절 말씀은 우리가 어떻게 예수님의 마음을 가질
수 있는지 보여주는 말씀이다.

"너희 안에 이 마음을 품으라 곧 그리스도 예수의 마음이니"

ㄷ. 돌보미는 매사에 긍정적인 태도를 가지고 순종해야 한다. 마태
복음 25장의 달란트 비유 중 세 사람에 대한 태도를 분석하라.

(3) 비전의 법칙(Vision) – 목표

비전은 어디서 오는가? 인간이 하나님을 떠난 이후 혼돈과 공허와 흑
암이 지배하는 심령이 되었다. 예수님의 십자가 사건은 단순한 영적인 구
원이 아니라 우리를 죄와 사망에서 뿐 아니라 전인적인 구원을 의미한다.
성령이 오시면 꿈과 비전을 약속하신 것은 하나님의 창조 때에 혼돈과 공
허 속에서 만물을 창조하신 것 같이 우리에게 비전을 주시는 것이다.

ㄱ. 창 1:1~5

ㄴ. 비전은 구름기둥과 불기둥과 같은 것이다. (행 2:17/출 13:21)

ㄷ. 잠 29:18

돌보미는 새로운 시대에 꼭 필요한 전략이며 교회 성장의 일꾼이다. 예
전에 가졌던 패러다임의 변화를 위한 방법이기도 하다. 목회자 혼자 카리
스마적인 리더십으로 성장을 말하던 시대가 아니다. 그동안 돌봄의 속회
와 사역을 위한 대안으로 돌보미 사역 훈련교재가 꼭 필요하고 갈급하던
차에 뒤 늦게나마 만들 수 있음을 감사드린다. 여러분의 수고와 노력과 땀
이 반드시 헛되지 않아 건강한 교회와 한 생명도 잃어버리지 않는 사역을
위한 헌신이 하나님을 기쁘시게 해드리는 열매로 나타날 줄 믿는다. 마지
막으로 새 신자 정착을 위한 교재와 사후 관리를 위해 충실하게 준하고 보
고함으로 훌륭한 돌보미 사역자가 되기를 바란다.